EDITORIAL

Liebe Leserin, lieber Leser,

„uns hat dieses GEO Special Spaß gemacht. Wir möchten ihn gern an Sie weitergeben." Mit diesen Worten im Editorial begann vor genau 30 Jahren die Reise unseres Heftes. Eine Reise in mittlerweile 172 Stationen – von New York über die Nordsee bis Neuseeland, von der Antarktis bis Zentralafrika. Mit einem Abstecher zum wohl exklusivsten Ziel eines Reisemagazins bislang: dem Mond. Zum Jubiläum möchten wir für Sie eine passende Runde schmeißen. Und so ist der Hauptpreis des großen GEO-Special-Jubiläumsrätsels, das auf Seite 24 beginnt, hoffentlich nicht weniger als die Erfüllung eines Lebenstraums: eine Weltreise zu zweit. Denn GEO Special ist auch und vor allem eine Weltreise in Heften; das Entdeckermagazin von GEO, das Sie eine Stadt, ein Land oder gleich zwei, wie Syrien und Jordanien, verstehen, erleben, lieben lernen lässt – indem es Sie zu Ortskennern macht, noch bevor Sie abfliegen. Indem es die Essenz Dutzender Reisen von GEO-Reportern und -Fotografen hinter blau gerahmtem Titel serviert und Qualitätsjournalismus zelebriert. Diesen blauen Titel haben wir zum Jubiläum veredelt, viele weitere Neuerungen finden Sie auf den folgenden Seiten. Allesamt sind sie dafür da, Ihre nächste Reise zur möglichst besten Ihres Lebens zu machen. Denn auch in den nächsten 30 Jahren wird sich nichts daran ändern, dass wir Spaß an Sie weitergeben möchten. Und die Leidenschaft, unterwegs zu sein.

Herzlich Ihre

Meike Hirsch

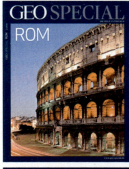  

 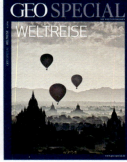

Der Jubiläumsjahrgang 2011. Zum Finale ein ganzes Heft über Weltreisen inklusive Fernweh-Garantie

---

Einladung zum Geburtstag – auf die Reisemesse ITB in Berlin. Besuchen Sie uns am 12. und 13. März 2011 in Halle 9, Stand 314. Unsere Autoren und Fotografen werden da sein.

Reisen mit 4 bis 12 Personen & individuelle Programme

Jordanien/Syrien »Petra«
15 Tage ab 2.799 €

Dem Charme dieser beiden Länder im Vorderen Orient, die an die Märchen aus Tausendundeiner Nacht erinnern, kann sich wohl kaum einer entziehen.

Besonderes bewusst erleben
▸ Erleben Sie einen der letzten syrischen Märchenerzähler in Damaskus ▸ Besuch bei einer ökumenischen Klostergemeinschaft in Deir Mar Musa ▸ Hamambesuch im Hotel in Idlib ▸ Zwischenstopp im berühmten Bagdad-Café ▸ Eine Übernachtung und Barbecue im Beduinen-Zeltcamp im Wadi Rum

Freuen Sie sich auf unseren Katalog mit besonderen Reisen in 26 Länder und unsere Filme auf DVD.

Afrika | Amerika | Asien | Ozeanien

Katalog & DVDs gratis
www.chamaeleon-reisen.de
oder in Ihrem Reisebüro

 **Besonderes bewusst erleben**

Für jeden Reiseteilnehmer kaufen wir 100 m² Regenwald und dokumentieren dies mit einem Klimaschutz-Zertifikat.

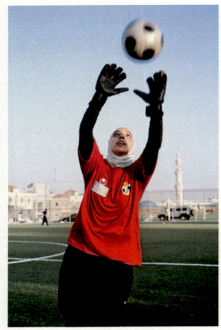

42

KARRIEREN: Jordaniens National-
torhüterin und andere Frauen, die
ihre Zukunft anpacken

32

PETRA: Die steinerne Pracht
von einst ist heute Besuchermagnet
Nummer eins in Jordanien

56

DISTANT HEAT: Jordaniens Jugend
zwischen Technofestival und Tradition

120

KARNEVAL: Wer hat die schönste im
ganzen Land? In Syrien ist ein Wettstreit
um die bunteste Parade entbrannt

FEBRUAR 2011 INHALT

128

DAMASKUS: Einer der Spitzenplätze auf der neuen GEO-Special-Route – der Innenhof der Omaijaden-Moschee

24

RÄTSEL: Reise nach Syrien und Jordanien zu gewinnen

THEMEN

14 Geschichte im Aufwind
Syrien und Jordanien stehen bei Reisenden hoch im Kurs – auch weil sie von vorgestern sind

24 In 80 Fragen um die Welt
Die erste Etappe des großen Jubiläumsrätsels

32 Stadt des Staunens
Hier kann man sein rotes Weltwunder erleben: Petra

42 Unter Alpha-Frauen
Jordanische Karrierefrauen und ihr Weg nach oben

50 Im Reich der Wasserarmen
Damit Jordanien flüssig bleibt: Neue Strategien für ein altes Problem

56 Schlaflos in Akaba
Wie fühlt es sich an, in Jordanien jung zu sein?

64 Wüste! Weite!
Fünf Leere-Versprechungen: Die besten Erlebnisse im Wadi Rum

82 Eine für alle
Und es geht doch! Vom Zusammenleben der Religionen in Damaskus

94 Ach, wie reizend
Was der Suk von Damaskus an Anziehendem zum Ausziehen bietet

100 Die Grenzen der Liebe
Warum eine Braut an ihrem Hochzeitstag Heimat und Familie verliert

108 Tausendundeine Köstlichkeit
Kulinarische Liebeserklärungen eines syrischen Feinschmeckers

114 Die Lufthoheiten
Wer etwas auf sich hält in Aleppo, hat einen Schlag – und lässt seine Tauben fliegen

120 Karneval
Alaaf al Arabia! Ein syrisches Dorf hat Fasching neu erfunden

RUBRIKEN

3 Editorial
6 Kompass
72 Dossier
128 Service
142 Karte
144 Impressum, Vorschau
146 Interview

TITEL: JOHANNA HUBER, AD-DAYR IN PETRA, JORDANIEN

94

DESSOUS: Die skurrilsten Modelle syrischer Designer

64

WADI RUM: Per Jeep, Pferd, Kamel, Heißluftballon und zu Fuß

REDAKTIONSSCHLUSS: 13. JANUAR 2011

kompass

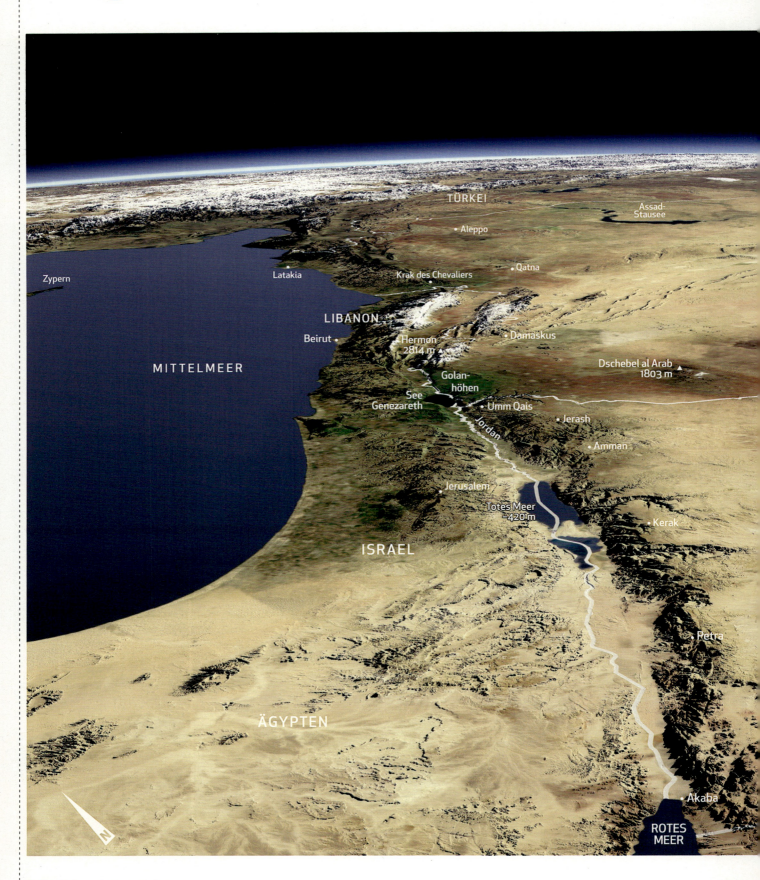

GEO SPECIAL SYRIEN UND JORDANIEN

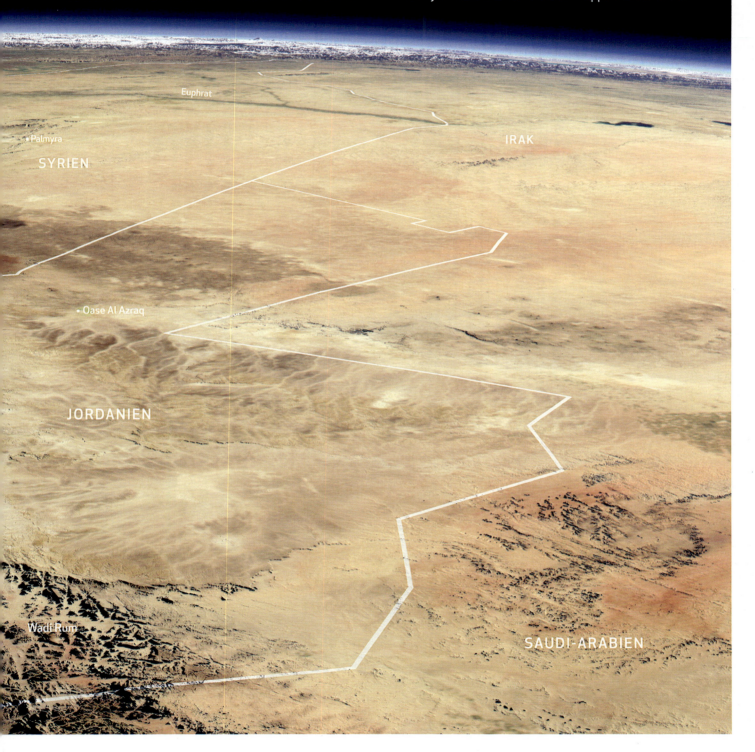

Februar im Nahen Osten: Im Nordwesten Jordaniens grünt es, im Westen Syriens glänzt noch Schnee. Ansonsten eint die beiden Länder vor allem die gigantische Weite ihrer Wüsten im Osten. Jordanien, wenig größer als Österreich, besteht zu fast 80 Prozent aus Wüsten und Halbwüsten.

So verwundert es nicht, dass sich 90 Prozent der Jordanier auf zehn Prozent der Landfläche drängen. In Syrien, halb so groß wie Deutschland, leben die meisten Menschen entlang der 200 Kilometer langen Mittelmeerküste, des Euphrats und in den jahrtausendealten Städten Aleppo und Damaskus

kompass

5 cm

FUNDSTÜCK
KORAN AUS DER DOSE

GOTTES OFFENBARUNG für die Hosentasche, in Jordanien gibt es sie in jedem Andenkenladen. Klein wie eine Streichholzschachtel – quasi ein „Koran to go". Vielmehr „to drive", denn in vielen Taxis baumelt das Buch der Bücher am goldenen Faden vom Rückspiegel. Wenn der Muezzin dann zum Gebet ruft und der Gast es nicht zu eilig hat: rechts ran, Mini-Koran heraus – und Brille auf. Denn die Schriftzeichen der großen Botschaft sind winzig. Da kommt es gelegen, dass einige Gelehrte behaupten, bereits das bloße Anschauen der heiligen Buchstaben sei segensreich. Ohnehin ist der Koran streng genommen kein Buch, sondern ein „Vortrag", so die Bedeutung des arabischen Wortes Qur'an. Und vorgetragen wird er meist von einem Imam, unüberhörbar verstärkt von Außenlautsprechern der Moscheen und zusätzlich im Radio übertragen. 114 Suren umfasst er, vergleichbar mit den Psalmen der Bibel. Für Nichtaraber ungewohnt: Das Buch wird von hinten aufgeschlagen und von rechts nach links gelesen. So erhaben und edel die Sprache des Koran, so schrecklich schwer ist sie zu verstehen. Selbst den meisten Arabern treibt sie den Schweiß auf die Stirn, denn Mohammeds Vortrag ist in 1300 Jahre altem Arabisch verfasst – ein Unterschied zur modernen Sprache wie Althochdeutsch zu Deutsch. Und zu übersetzen, sagen manche, sei der Koran gar nicht. Nicht die Schönheit des Klangs, nicht die Feinheit des Ausdrucks. Der neueste deutsche Versuch des Islamwissenschaftlers Hartmut Bobzin umfasst deshalb allein 200 Seiten an Kommentaren, und zwar nicht klein gedruckt.

ORIENT FÜR EINSTEIGER

Hier lässt man sich mit Vergnügen in die Wüste schicken: Jordanien und Syrien erleben ein Hoch in der Gunst der Reisenden

NICHT WEITER ENTFERNT ALS TENERIFFA, auch nicht teurer, dafür umso exotischer: Das Morgenland ist das Reiseziel von heute – mit Rekord-Wachstumsraten. Jordanien verzeichnete 23,4 Prozent mehr Gäste in den ersten neun Monaten des Jahres 2010 als im Vorjahreszeitraum: 3,56 Millionen. Allein 670 000 davon reisten in die Felsenstadt Petra, ein Plus von 30 Prozent. Die Wüste Wadi Rum (Foto) steigerte ihre Beliebtheit mit 189 300 Besuchern gar um fast 64 Prozent. Syrien jubelt ebenfalls: Mit 6,1 Millionen zog das Land 2009 zwölf Prozent mehr Reisende als im Vorjahr an. Noch sind es hauptsächlich arabische Gäste, doch auch die Europäer sind im Kommen: Ihre Zahl stieg um 25 Prozent, auf gut 770 000.

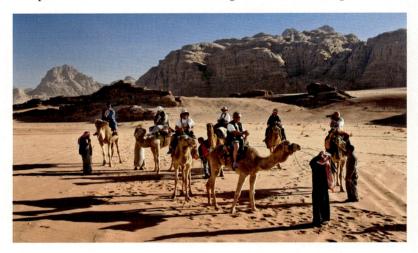

Wundersame Welt

Kurioses, Nützliches, Unglaubliches: Die neue Facebook-Seite von GEO Special bietet Reisewissen

GEO-SPECIAL-REPORTER REISEN IN ALLE WELT, und sie bringen allerlei mit aus Rio, New York und Putbus auf Rügen: Erlebnisse, Rechercheergebnisse und Fundstücke, vom Koran im Miniformat über Kamelmilchseife bis zur Kolibri-Tränke. Dazu Reisewissen hoch zehn. Das alles finden Sie ab sofort auch auf www.facebook.com/geospecial. Beispiel: Auf Reisen sollte man sich nicht zum Horst machen – und vor allem kein Hugo werden. Denn Hugo steht bei zahlreichen Fluggesellschaften für: „Heute unerwartet gestorbenes Objekt" oder „human gone": einen Toten. Es heißt dann: „Wir haben einen Hugo an Bord, Hugo kann nicht sitzend fliegen." Man muss nicht bei Facebook angemeldet sein, um mitlesen zu können. Nur wer garantiert nichts verpassen will, sollte Fan der Seite werden – dann kommt die weite Welt ganz bequem auf das eigene Profil.

www.volkswagen.de

DAS RAUSCHEN DER BRANDUNG HÖREN. OHNE HANDYEMPFANG.
Nächste Telefonzelle: 289 km, nächstes Internetcafé: 1.487 km.

Der neue Eos. Das Auszeitauto.

Sie werden überrascht sein, wie gut Sie ohne Handy leben können. Man muss nur den richtigen Ort und den richtigen Begleiter finden. Oder zwei. Denn der neue Eos macht sowohl als Coupé wie auch als Cabriolet eine gute Figur. Das entspannende Gefühl beginnt schon beim Blick auf die erhabene Verarbeitung. Ob die Fahrt danach ebenso gelassen oder eher dynamisch wird, entscheiden Sie. Schließlich ist es Ihre Auszeit.

Vor der Auszeit noch einmal schnell ins Netz und die Auszeit-App herunterladen: www.eos-auszeit.de

Das Auto.

kompass

ZAHLEN, BITTE

Was kostet ein reinrassiges Rennkamel, wie heißt die Kopfbedeckung muslimischer Frauen, und was war die Sternstunde im Leben des jordanischen Königs? Der GEO-Special-Überblick macht Sie in fünf Minuten zum Landeskenner und verhilft nebenbei zu besserer Gesundheit. Oder hätten Sie gewusst, wie viel Rauch in einer Wasserpfeife steckt?

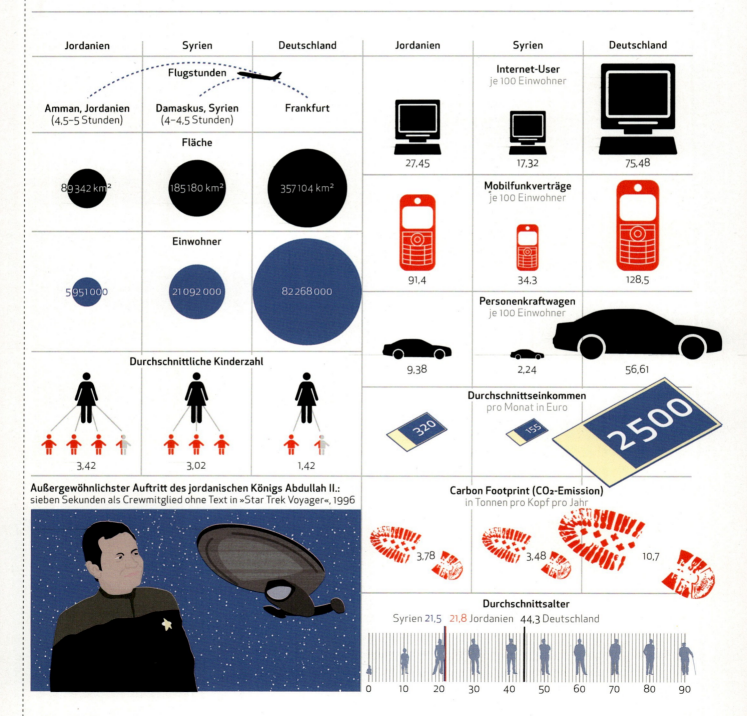

Bekleidungsformen muslimischer Frauen

Hijab
Kopftuch, das Haare, Ohren, Hals und Ausschnitt bedeckt

Abaya/Tschador
Langer Mantel, der Kopf und Körper bedeckt

Niqab
Lässt nur Schlitze für die Augen frei, untere Gesichtshälfte verschleiert

Burka
Mantel, der den gesamten Körper bedeckt, ein Stoffgitter verbirgt die Augen

Arabische Gesten

Ehrerbietung/Respekt
Die Hand aufs Herz legen
Manchmal erfolgt das nach dem Händeschütteln

Warte ein bisschen
Alle Finger berühren sich, die Handfläche zeigt nach oben
Die Hand kann leicht nach oben und unten bewegt werden

Männer mit sexuellen Problemen in Jordanien
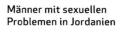
49,9 %

Summe importierter Potenzmittel in Euro

1 600 000

Kosten eines reinrassigen jordanischen Rennkamels in Euro
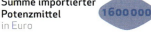

3200,-

Arabische Zahlen

Facebook
Freunde der syrischen First Lady Asma Al Assad auf Facebook: **78 806**

Erlaubte Facebook-Seiten in Syrien: **0**

Nargile
Der inhalierte Rauch einer Wasserpfeife entspricht dem von 100 Zigaretten

Illustration: Ole Häntzschel

kompass

SCHMOREN SOLL ES!

Beduinen lieben Lammfleisch, das sie samt Topf in einer glutgefüllten Grube in der Wüste vergraben und stundenlang garen lassen. Wer gerade keine Wüste zur Hand hat: Das GEO-Special-Rezept gelingt auch im Ofen

■ Eine ca. 1,8 kg schwere **LAMMKEULE** entbeinen, Fett und Sehnen entfernen. Das Fleisch in acht bis zehn gleich große Stücke (à ca. 150 g) teilen. 200 g Zwiebeln in Streifen schneiden. 2 Knoblauchzehen andrücken. 10 Kardamomkapseln, 3 Lorbeerblätter, 5 Pimentkörner, 1 kl. Zimtstange, 3 Nelken in einem Mörser grob zerstoßen. Keulenstücke mit Pfeffer würzen.

■ 3 EL Olivenöl in einem Bräter nicht zu stark erhitzen. Das Fleisch salzen und mit den Gewürzen bei mittlerer Hitze sanft anbraten. Aus dem Bräter nehmen, Zwiebeln und Knoblauch darin hellbraun braten. Mit 200 ml Wasser ablöschen, Fleisch zugeben und aufkochen. Dann mit Deckel im vorgeheizten Ofen bei 160 Grad (Gas Stufe 1–2; Umluft 150 Grad) auf der untersten Schiene 1,5 Std. schmoren.

■ Für die **JOGHURT-SAUCE** die Blätter von einem Bund Minze abzupfen und 2/3 grob hacken. 450 g Joghurt mit 2 EL Olivenöl, Salz, Pfeffer, gehackter Minze verrühren. 50 g Pinienkerne in einer Pfanne ohne Fett hellbraun rösten. Schale einer Bio-Zitrone fein abreiben.

■ Bräter aus dem Ofen nehmen und das Fleisch darin 10 Min. ruhen lassen. 100 ml Fleischsud abmessen, durch ein Sieb zur Joghurt-Sauce geben und glatt rühren. Lammkeulenstücke abtropfen lassen.

■ Joghurt-Sauce, Fleisch, Pinienkerne auf 4 Tellern anrichten. Mit je 2 EL Olivenöl beträufeln. Zitronenschale und restliche Minze darauf verteilen. Mit Sumach (einem leicht säuerlichen, roten Pulver, das in jedem gut sortierten Gewürzladen zu kaufen ist) und Chiliflocken bestreuen. Dazu passt Fladenbrot. *Achim Ellmer*

SOUNDTRACK

Zur Einstimmung, für unterwegs, für hinterher: Unvergleichliche Stimmen und Klänge aus dem Orient auf CD oder aus dem Internet

Ruba Saqr: www.myspace.com/rubasaqr Sie gilt als das größte jordanische Songwriter-Talent – noch aber fehlt ihr die CD. Saqr mischt mystische islamische Gesänge mit elektronischen Beats und spanischen Gitarrenklängen. Ihre Stimme bewegt auch jene, die kein Arabisch verstehen.

Omar Souleyman: »Jazeera Nights«, Sublime Frequencies. Der Mann mit der Sonnenbrille ist Syriens Folklore-Superstar und viel gebuchter Hochzeitssänger; ein US-Label hat nun seine Hits auf CD gepresst. Mit halsbrecherischen Lautensolos und genäseltem Gejohle feuert er zum Dabke-Tanz an – einer Art syrischem Sirtaki. Klingt fremd, geht aber irgendwann in die Füße.

Fairuz: »legend – the best of«, EMI. Die größten Hymnen der größten Sängerin des Nahen Ostens (siehe auch Seite 73). Mal mit Bossa nova, mal jazzig, mal pompös, Fairuz besingt grandios den arabischen Weltschmerz. Und das seit mittlerweile 50 Jahren.

Geschäftsreise

Einen Besuch im orientalischen Dampfbad vergisst man nicht: Hier bekommt jeder seine Abreibung

IM HAMAM WIRD IHNEN RICHTIG DAMPF GEMACHT – rein zur Entspannung, wohlgemerkt. Und so geht Wellness im Orient: Handtücher, Badelatschen, Wasserschale und Seife sind beim Hamam-Besuch inklusive. Erst lässt man sich durchdampfen, dann schäumt man sich mit Olivenseife den Stress vom Leib. Den Rest erledigt der Bademeister: Mit einem Kamelhaar-Waschlappen schmirgelt er den letzten Dreck aus den Poren – meist samt oberster Hautschicht. Wer mutig ist, darf sich anschließend massieren lassen, Knochenknacken eingeschlossen. Zum Abschluss eine Tasse Tee, und man fühlt sich glatt wie neu. Die Utensilien fürs Heim-Hamam – Seife, Waschlappen, Schwämme – gibt's für wenig Geld auf jedem Basar oder als Hamam-Starterset unter www.nazar-wellness.de.

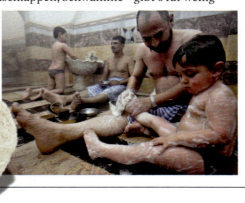

SYRIEN JORDANIEN
selbst erleben.

▲ **Jordanien Highlights**
10 Tage Wanderreise ab 1690 €

▲ **Jordanien Komfortreise**
11 Tage Kultur und Natur mit Komfort ab 2390

▲ **Syrien**
13 Tage Die Höhepunkte Syriens ab 2090 €

▲ **Syrien · Jordanien**
21 Tage Zauber des Orients ab 3190 €

Weitere Kleingruppenreisen sowie individuelle Touren auf:

www.jordanien.de
www.syrien.de

Natur- und Kulturreisen, Trekking, Safaris und Expeditionen weltweit

Katalogbestellung, Beratung und Buchung:

DIAMIR Erlebnisreisen GmbH
Berthold-Haupt-Straße 2
D – 01257 Dresden
Tel.: (0351) 31 20 717
Fax: (0351) 31 20 76
jordanien@diamir.de
syrien@diamir.de
www.diamir.de

DIAMIR empfiehlt...

AMMAN, JORDANIEN
Obwohl sie schon zu biblischen Zeiten als »Rabba« existierte, hat die Kapitale östlich des Jordan wenig alte Bausubstanz. Eine Ausnahme ist der Zitadellenhügel mit seinen Relikten einer einst hochfliegenden Geschichte

Geschichte im Aufwind

Griechen, Römer, Kreuzritter, Osmanen, sie alle haben hier Spuren hinterlassen: in Oasen, an heiligen Stätten des Islam, in trutzigen Burgen. Und so werden das heutige Syrien und Jordanien als Freilichtmuseum der Antike immer beliebter

UMM QAIS, JORDANIEN
Lange vor Christi Geburt war das alte Gadara Bühne für Dramatiker, Poeten, Philosophen; ein Zentrum griechischer Kultur ersten Ranges. 3000 Menschen fanden Platz, wo heute nur noch gelegentlich die Musik spielt: im Westtheater

PALMYRA, SYRIEN
Reich, steinreich wurde die Wüstenstadt als berühmter Umschlagplatz von Indigo, Seide, Pfeffer, Edelsteinen. Obwohl ein Erdbeben einst ihren Untergang bedeutete, überdauert sie als eines der beeindruckendsten Ruinenfelder der Antike

KRAK DES CHEVALIERS, SYRIEN
Die Burg der Burgen, das Bollwerk der Kreuzfahrer, das selbst der brillante Feldherr Saladin nicht einzunehmen vermochte. In seinem Inneren: ausgetüftelte Badeanlagen; Beleg dafür, dass schon damalige Anwohner Wert auf Reinlichkeit legten

JERASH, JORDANIEN
Lauf auf der Geschichte: Das antike Gerasa sieht fast so aus, als wäre es noch vorgestern bewohnt gewesen. Mit allem, was in Rom gut und teuer war, wurde auch hier aufgetrumpft: mit Theatern, Tempeln, von Säulen gesäumten Plätzen

In 80 Fragen um die Welt

GROSSES JUBILÄUMSRÄTSEL Etappe 1

Zum Jubiläum wollen wir endlich das tun, was wir seit 30 Jahren mit viel Aufwand vermeiden: Ihnen Rätsel aufgeben. Kommen Sie also mit uns auf eine spannende Rätselreise um die Welt – und gewinnen Sie. Zwölf Tage Syrien und Jordanien mit der Lösung der ersten elf Fragen. Und im großen Finale: eine Reise um die ganze Welt

1 Als ritterlicher Gegner und edler Heide lebt er bis heute in den romantischen Erzählungen des Abendlandes: jener islamische Herrscher, der seine letzte Ruhe gleich neben dieser Moschee fand. In Damaskus, wo unsere Reise nach Rom (zum nächsten Heft) beginnt. Rund sieben Jahrhunderte nach seinem Tod stand ein anderer Herrscher, ein Kaiser, auf Orientbesuch an seinem Grab – und ließ gleich eine Ruhestätte springen.

WIE HIESS DIESER KAISER? *Notieren Sie den fünften Buchstaben des Namens.*

2 Eigentlich denkt man in dieser viel bereisten Region eher an Sand und Öl, nicht unbedingt an Wasser. Aber das gesuchte Ziel nennt einen Aquapark sein Eigen, einen der größten der Welt. Dabei ist es selbst das zweitkleinste unter sieben Bündnispartnern, die nicht mehr alle flüssig sind.

WIE WIRD DAS REICH GENANNT?
Notieren Sie den letzten Buchstaben.

3 Auf zum nächsten Touristenmekka. Nur in diesem Land beten selbst Muslime in alle Himmelsrichtungen. Streng nach Vorschrift. Denn hier hat man sich den Glauben ganz groß auf die Fahne geschrieben.

WELCHE FARBE HAT DIESE FAHNE?
Notieren Sie den ersten Buchstaben.

4 Dort, wo die Sonne untergeht, liegt ein Gebirge, das man in gleichnamigen Nachschlagewerken leicht finden kann. Umgeben ist es von islamischen Ländern, die sich zu einer Union zusammengeschlossen haben. Deren nordwestlichstes Mitglied, das schon Kulisse für Stars und Sternchen war, trägt den gesuchten Begriff sogar im Staatsnamen.

WIE HEISST DAS GEBIET, DEM DIE UNION IHREN NAMEN VERDANKT?
Notieren Sie den sechsten Buchstaben.

5

6 Ende der Durststrecke, denn in Sachen flüssiger Spezialitäten haben Andalusien und Großbritannien eines gemein: Sie nutzen für sie die gleichen Fässer. Natürlich nacheinander. Die zweite Spezialität nimmt die Aromen der ersten auf. Diese erste ist verschnitten: Jahrgang um Jahrgang in einem ganz typischen Verfahren, das nach der untersten Fassreihe benannt ist.

WIE LAUTET DER NAME DES VERSCHNITTENEN GETRÄNKS?
Notieren Sie den ersten Buchstaben.

Weiter gen Übersee. Dort wird ein umstrittener Kalksteinfelsen von Meer umspült. Ein von Reisenden gern besuchtes Kuriosum, nicht nur wegen dessen besonderer Lage. Auch die Landebahn des Flughafens ist bemerkenswert, kreuzt sie doch eine Straße. Amtssprache: Englisch.

WIE WIRD DIESES GEBIET GENANNT?
Notieren Sie den sechsten Buchstaben.

7 Knapp zweimal würde dieses Paradies in Berlin hineinpassen, kaum 90 000 Einwohner hat es, sieht man von Gämsen oder Murmeltieren in seinem Territorium ab. Und trotzdem wird es von gleich zwei Männern regiert: Ausländern; der eine ist ein Präsident.

WAS IST DER ANDERE?
Notieren Sie den ersten Buchstaben.

8 Wären sie äußerlich nicht so verkalkt, könnte man ihnen viel schneller näher kommen. Zumindest dem, was Genießer an ihnen schätzen. Denn „provenzalischer Art" auf dem Teller sind sie schmackhafter, als es ihr schlecht gelaunter Name suggeriert.

WIE LAUTET IHR WISSENSCHAFTLICHER GATTUNGSNAME?
Notieren Sie den vorletzten Buchstaben.

9

Durch diese Stadt zu reisen ist gesund, zumindest, wenn man am Asphalt leckt: Denn einmal im Jahr tobt hier ein Kampf, nach dem der Vitamin-C-reiche Saft der Munition überall rinnt – auch in den Fluss, der in einen Strom mündet, zu dem man im Deutschen vier Buchstaben sagt.

WIE HEISST DIE STADT?
Notieren Sie den mittleren Buchstaben.

10

Er ist ein vollendeter Künstler – obwohl er wenig vollendet hat. Dabei wurde der Meister der Wiedergeburt von einer der führenden Familien des Landes generös gefördert und stellte in deren Heimatstadt einem biblischen Philister seinen letzten Gegner entgegen. Der ist heute Besuchermagnet.

WIE LAUTET DER NAME DES KÜNSTLERS?
Notieren Sie den neunten Buchstaben.

ZWISCHENLÖSUNGSWORT:

LÖSUNGSFRAGE:

11

HABEN SIE ALLE BUCHSTABEN in der richtigen Reihenfolge notiert, steht vor Ihnen ein monumentales Bauwerk, das auch im nächsten Heft – GEO Special Rom – zu sehen sein wird.

FÜR WEN WURDE DIESES GEBÄUDE URSPRÜNGLICH ERRICHTET?
Senden Sie uns den Namen – und merken Sie sich ihn für das große Rätselfinale. So kommen Sie der Weltreise näher, siehe Seite 29.

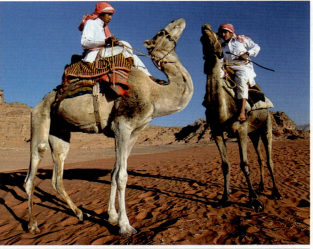

1. PREIS Gebeco

SYRIEN UND JORDANIEN ZUM KENNENLERNEN
12-Tage-Erlebnisreise mit Gebeco

Diese Reise führt in die beiden faszinierenden Länder dieses Heftes – und zu den Zeugnissen ihrer Kultur. Stationen sind neben den Hauptstädten Damaskus und Amman jene antiken Höhepunkte, die seit der Zeit der frühen Orientreisenden Besucher verzaubern. Märchenhaft klingen ihre Namen: Petra, Jerash, Krak des Chevaliers, Aleppo, Palmyra. Erleben Sie inmitten von Kreuzritterburgen, prächtigen Moscheen und nach Gewürzen duftenden Suks mit Gebeco Ihr ganz persönliches Märchen aus Tausendundeiner Nacht. Für zwei Personen. Flüge und Visabeschaffung inklusive. www.gebeco.de

2. PREIS BREE

TASCHENSET PUNCH

Wer diesen Preis bekommt, profitiert gleich viermal – und ein Reiseleben lang. Denn zu gewinnen ist ein vierteiliges Set für Weltenbummler, Vielflieger und Taschenästheten aus unverwüstlichem Planenmaterial: Kosmetiktasche, Schultertasche, Reisetasche und der vierrädrige Trolley XL aus der mehrfach designpreisgekrönten Punch-Serie von BREE. Das klassische Nichts-wie-hin-und-weg-Gepäck.
www.bree.com

3. PREIS CASIO

GPS DIGITALKAMERA
EXILIM Hi-Zoom EX-H20G von Casio

Eine Kamera, die sich auf allen Stationen Ihrer Weltreise auskennt: die neue EXILIM EX-H20G mit Hybrid-GPS, interaktiven Karten und rund einer Million vorinstallierten Ortsnamen. Direkt nach dem Einschalten erfahren Sie stets präzise Ihren aktuellen Standort, können sich Sehenswürdigkeiten vorschlagen und Ihre Route speichern lassen. Ach ja, Fotos und Filme macht die Kamera natürlich auch, dank: 24 mm Weitwinkel, 14,1 Megapixel, 10-fach optischem Zoom samt mechanischem Bildstabilisator.
www.exilim.de

4.–10. PREIS FUNDSTÜCKE

Für dieses Heft haben zahlreiche GEO-Reporter Syrien und Jordanien bereist – und Mitbringsel eingepackt. Die schönsten sieben können Sie gewinnen: etwa Süßigkeiten aus Arabien.

Hauptpreis:
Weltreise zu gewinnen

Beim großen GEO-Special-Jubiläumsrätsel geht es um nicht weniger als einen Lebenstraum: eine Weltreise für zwei Personen. Dürfen es New York, Fidschi, Sydney, Singapur und Reykjavík sein? Oder lieber Johannesburg, Buenos Aires, Lima, Los Angeles, Auckland, Tokio? Wann Sie reisen, wie lange und wohin, das entscheiden ganz allein Sie. Zur Verfügung haben Sie ein Reisebudget von 10 000 Euro und zwei Traumtickets von STA Travel: Round-the-World mit freier Routenwahl im Wert von jeweils 3000 Euro inklusive Steuern und Entgelte, gültig bis Ende 2013. Lust, gleich loszuträumen? Routenbeispiele unter www.statravel.de/flug-around-the-world.htm

SO KOMMEN SIE DER WELTREISE NÄHER

DAS GEO-SPECIAL-JUBILÄUMSRÄTSEL besteht aus sechs Folgen (GEO Special 1/2011 bis 6/2011) mit jeweils elf Fragen; pro Folge wird unter den richtigen Einsendungen eine Reise (etwa nach Syrien + Jordanien, New York oder in die Türkei) verlost. Den Abschluss bilden 14 Superfragen in der letzten Special-Ausgabe 2011, bei denen es um eine Weltreise für zwei Personen geht. Diese zu beantworten wird Ihnen umso leichter fallen, je mehr Einzelfragen Sie vorher gelöst haben. Sie haben Sorge, einen Teil des Rätsels zu verpassen? Im Internet können Sie sich unter www.geo-special.de/weltreise-gewinnen für das große Finale registrieren lassen und ab Dezember alle Fragen lösen.

SO KOMMEN SIE AN DIE EINZELGEWINNE: Um an der Verlosung der Syrien-Jordanien-Reise und der weiteren neun Preise dieser Ausgabe teilzunehmen, teilen Sie uns bitte die entsprechende Lösung mit, entweder online unter www.geo-special.de/weltreise-gewinnen oder per Postkarte an GEO Special, Stichwort „Jubiläumsrätsel", 20802 Hamburg. Einsendeschluss für die erste Folge ist der 5. April 2011 (Poststempel). Die Gewinner werden ab 7. April 2011 auf der genannten Internetseite veröffentlicht. Dort sind nach Auslosung des Hauptpreises auch die Lösungen aller 80 Fragen einzusehen.

SO KOMMEN SIE AN DIE WELTREISE: Die 14 Superfragen des Jubiläumsrätsels werden am 7. Dezember 2011 im GEO Special „Weltreise" gestellt, dem großen Jubiläumsheft, und können ab dann auch online gelöst werden.

Mitarbeiter des Verlags Gruner + Jahr und deren Angehörige dürfen nicht teilnehmen. Die Gewinner werden schriftlich oder telefonisch benachrichtigt. Der Rechtsweg und die Barablösung sind ausgeschlossen.

30 Jahre GEO SPECIAL

In 6 Ausgaben um die Welt.
Mit GEO SPECIAL noch mehr sehen und verstehen.

Entdecken Sie zum 30. Jubiläum die schönsten Plätze der Erde in 6 Heften. Ferne Länder, großartige Landschaften, lebendige Städte. Spektakulär fotografiert, mit Leidenschaft und Sachkenntnis beschrieben.

In diesem Heft!

Heft 1/2011: Syrien und Jordanien

Lassen Sie sich verzaubern vom Orient – von zwei Ländern mit uralten Kulturlandschaften, die Sie durch diese Ausgabe völlig neu sehen. Und gewinnen Sie eine zwölftägige Studienreise dorthin.

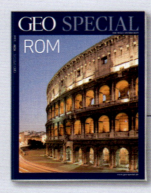

Heft 2/2011: Rom

Vierundzwanzig Stunden in der ewigen Stadt. Ein Heft mit schnellen Schnitten, das die Lebendigkeit Roms abbildet – und Insiderwissen bietet: Wo am besten einen Segen bestellen, schlafen, Eis essen.

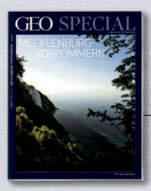

Heft 3/2011: Mecklenburg-Vorpommern

Von den schönsten Stränden der Ostsee bis zu exklusiven Paddeltouren auf der Seenplatte. Eine Liebeserklärung an das Bundesland des Sommerurlaubs – und an seine Bewohner.

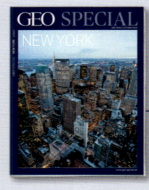

Heft 4/2011: New York

Mitten hinein in die aufregendste Stadt der Welt, in der GEO SPECIAL seit seiner Erstausgabe 1981 Stammgast ist – und das genau zehn Jahre nach dem 11. September. Zu gewinnen: eine New-York-Reise.

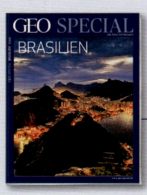

Heft 5/2011: Brasilien

Nach Jahrzehnten wechselnder Krisen schwingt sich Brasilien zur Macht der Zukunft auf. Unterwegs im Land der Lebensfreude, das bald – Olympia und Fußballweltmeisterschaft – Gastgeber der Welt sein will.

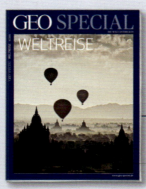

Heft 6/2011: Weltreise

Das große Jubiläumsheft mit Fernweh-Garantie. Es führt zu den schönsten Orten dieser Erde – und in nahezu 180 Seiten um die Welt. Service: Die eigene Weltreise leicht gemacht. Preisrätsel: Weltreise zu gewinnen.

Exklusive Vorteile für Abonnenten:

Ihr Dankeschön – 1 von 3 tollen Geschenken zur Wahl!

Frei-Haus-Lieferung – jede Ausgabe pünktlich und ohne Versandkosten!

Ersparnis – 13 % günstiger als im Einzelkauf!

Ohne Risiko – nach 6 Monaten jederzeit kündbar!

Ideales Geschenk – eine schöne Idee für Freunde und Bekannte!

GEO SPECIAL-Jubiläumsangebot

GEO SPECIAL 1 Jahr frei Haus lesen!
Jetzt 6 Hefte mit 13% Ersparnis und Geschenk sichern.

GRATIS zur Wahl!

2. BRESSER-Taschenfernglas
- 4x30-Fernglas in handlichem Format
- nur 265 g leicht
- mit Etui und Trageschlaufe
- Maße: ca. 11 x 11 x 4 cm

NEU!

3. HEINZELMANN-Radio
- super Empfang, warmer Klang
- Retro-Design: Holzgehäuse und matte Aluminiumfront
- Maße: ca. 22,5 x 11,2 x 18 cm

1. Retro-Reisetasche
- perfekte Begleitung im Retro-Look
- verstellbarer Komfort-Tragegurt
- viele Fächer, viel Platz
- Maße: ca. 62 x 23 x 31 cm

Verlag: Gruner+Jahr AG & Co KG, Dr. Gerd Brüne, Am Baumwall 11, 20459 Hamburg, AG Hamburg, HRA 102 257
Vertrieb: DPV Deutscher Pressevertrieb GmbH, Dr. Olaf Conrad, Düsternstr. 1, 20355 Hamburg, AG Hamburg, HRB 95 752.
*14 Cent/Min. aus dem dt. Festnetz, max. 42 Cent/Min. aus dem dt. Mobilfunknetz.

Bestellen leicht gemacht:

Per Post: GEO SPECIAL-Kunden-Service, 20080 Hamburg

Per Telefon: (Bitte Bestell-Nr. angeben) **01805/861 80 00**
14 Cent/Min. aus dem dt. Festnetz, max. 42 Cent/Min. aus dem dt. Mobilfunknetz.
Abonnenten-Service Österreich und Schweiz: +49 1805/861 00 00

Am schnellsten geht's online: www.geospecial.de/abo

Ja, ich möchte GEO SPECIAL zum Vorzugspreis:

☐ **selbst lesen!** Bestell-Nr. **762 845** ☐ **verschenken!** Bestell-Nr. **762 846**

Senden Sie mir bzw. dem Beschenkten GEO SPECIAL ab der nächsterreichbaren Ausgabe zum Preis von zzt. nur 6,95 € (D)/8,10 € (A)/13.60 Fr. (CH) pro Ausgabe (inkl. MwSt. und Versand) statt 8,– € (D)/9,– € (A)/15.80 Fr. (CH) im Einzelkauf. GEO SPECIAL erscheint zzt. 6x im Jahr. Mein Geschenk erhalte ich nach Zahlungseingang. Nach 6 Monaten kann ich das Abonnement jederzeit beim GEO SPECIAL-Kunden-Service, 20080 Hamburg, kündigen. Im Voraus bezahlte Beträge erhalte ich dann zurück. Dieses Angebot gilt nur, solange der Vorrat reicht.

Meine persönlichen Angaben: (bitte unbedingt ausfüllen)

Name, Vorname

Straße, Hausnummer   Geburtsdatum 19__

PLZ   Wohnort

Telefonnummer   E-Mail-Adresse

☐ Ja, ich bin damit einverstanden, dass GEO und Gruner + Jahr mich künftig per Telefon oder E-Mail über interessante Angebote informieren.

Ich bezahle bequem per Bankeinzug: (zzt. 41,70 € (D))

Bankleitzahl   Kontonummer

Geldinstitut

☐ Ich bezahle per Rechnung.

Ich verschenke GEO SPECIAL an:
(bitte nur ausfüllen, wenn Sie GEO SPECIAL verschenken möchten)

Name des Beschenkten

Vorname des Beschenkten

Straße, Hausnummer   Geburtsdatum 19__

PLZ   Wohnort

Telefonnummer

E-Mail-Adresse

Als Geschenk wähle ich: (bitte nur 1 Kreuz machen)

☐ 1. Retro-Reisetasche ☐ 2. BRESSER-Taschenfernglas ☐ 3. HEINZELMANN-Radio

Widerrufsrecht: Die Bestellung kann ich innerhalb der folgenden zwei Wochen ohne Begründung beim GEO SPECIAL-Kunden-Service, 20080 Hamburg, in Textform (z.B. E-Mail oder Brief) widerrufen. Zur Fristwahrung genügt die rechtzeitige Absendung.

X_____
Datum   Unterschrift

Stadt des Staunens

Vor rund 2200 Jahren schlugen die Nabatäer eine unvergleichliche Metropole in den Fels: Petra. Was damaligen Reisenden wie eine Fata Morgana vorgekommen sein muss, ist heute Jordaniens Attraktion Nummer eins

TEXT ¬ **KIRSTEN BERTRAND**

Von biblisch anmutender Schönheit zeigt sich das Tal von Petra, in das die mehr als 800 Stufen vom Monument Ad-Dayr hinabführen. Auch die Felsmuster zeugen von einstiger Pracht

WENN ES EINEN RAT GIBT, den Sie bei Ihrem Besuch in Petra beherzigen sollten, dann diesen: Stellen Sie Ihren Wecker auf fünf Uhr. Ja, auch wenn Sie im Urlaub sind! Passieren Sie um sechs die Eingangskontrolle des Archäologischen Parks. Wenn die Souvenirhändler noch hinter ihren Zeltwänden kramen, die Verleiher von Pferden, Kamelen, Eseln noch neben ihren Tieren dösen und die verkaufstüchtigen Beduinenkinder noch schlafen. Wenn die haushohen Wände des Siq, der gewundenen Felsschlucht, noch vom Gurren der Tauben widerhallen und nicht vom Getrappel Hunderter Besucher. Bleiben Sie am Ende des Siq nicht am Schatzhaus stehen, staunen Sie hier später! Steigen Sie kurz vor dem Theater links über die schiefen Stufen, die zu dieser Uhrzeit im kühlen Schatten liegen, in den sich verjüngenden Taleinschnitt hinauf. Der Weg ist mühsam, er führt zum sogenannten Hohen Opferplatz auf über 1000 Meter. Oben halten Sie sich rechts, bis es auf dem windgeschliffenen Felsrücken nicht mehr weitergeht.

Schauen Sie hinab. Mit jedem Sonnenstrahl tauchen aus den Schatten des Talkessels neue Tempelportale auf, erstrahlen begradigte Felsflanken, entpuppen sich Anhöhen als Kuppeldächer, Vorsprünge als Treppen, Winkel als Zinnenreihen.

Es gibt keinen besseren Ort und keine bessere Zeit, um zu verstehen, wie der menschliche Wille Berge verwandeln kann.

DIE GRIECHEN NANNTEN DIESEN ORT PETRA, DEN FELS. Ein mehr als schlichter Name für die kühnste, die unwahrscheinlichste Wüstenstadt der antiken Welt, deren Geschichte wohl vor 2400 Jahren beginnt. Nabatäer, räuberische Nomaden vermutlich, schlagen damals in den Bergen des Ostjordanlandes ihre Zelte auf. Ein Tal zieht sie besonders an – wegen der nahen Quellen, der natürlichen Höhlen und des Hauptzugangswegs, eines kilometerlangen Felskorridors, der an seiner engsten Stelle so schmal ist, dass ihn ein Mann mit Kamel problemlos versperren kann. Hinter dem Hohlweg öffnet sich ein breites, sanft gewelltes Tal mit schützenden Bergflanken. Eine natürliche Festung, von der aus sich trefflich Karawanen überfallen lassen. Arabische Händler aus dem Süden, die Dromedare beladen mit Myrrhe, Balsam und Weihrauch, müssen regelmäßig auf der Weihrauchstraße durch das Gebiet, um ihre Waren am Mittelmeer nach Alexandria, Antiochia oder Rom zu verschiffen. Gleichzeitig ziehen Seidenhändler aus Zentralasien zum selben Ziel. Das Lager der Nomaden liegt dort, wo sich beide Routen treffen.

Die Nabatäer sind geschäftstüchtig. Sie postieren Wachen entlang der Handelswege, verleihen Kamele und unterhalten Wasserstellen, auf die jede Karawane angewiesen ist. Dafür kassieren sie Schutzgelder und Zölle. Bis sie entdecken, dass sich noch mehr verdienen lässt, wenn sie selbst als Zwischenhändler die Waren übernehmen und weiterverkaufen. Es

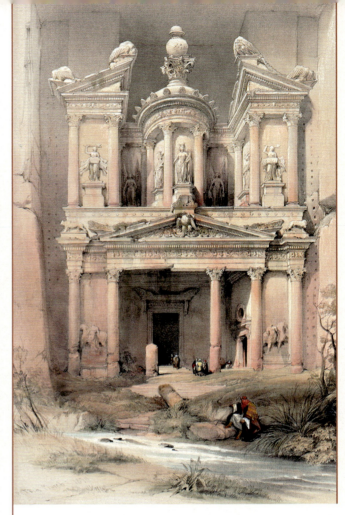

Wo die Schlucht sich wie ein Vorhang auftut, steht Petras prächtigstes Monument: das Schatzhaus, 40 Meter hoch, direkt in den Stein gemeißelt. David Roberts malte es 1839

dauert nicht lang, und sie haben das Monopol auf den gesamten transarabischen Landhandel inne. Ihr Reich dehnt sich entlang der Karawanenrouten bis Damaskus und ins heutige Saudi-Arabien aus. Ihre Hauptstadt aber bleibt Petra, Sitz ihrer Könige und Spiegel ihres wachsenden Wohlstands. Die Zeit der flüchtigen Zeltlager ist vorüber. Jetzt bauen die Nabatäer für die Ewigkeit.

Ab dem zweiten Jahrhundert vor Christus hallt das Tal um Petra wider von den Schlägen der Steinmetze und Bildhauer. Der Sandstein ist weich und bunt gebändert wie das Muster eines orientalischen Teppichs: Vermutlich nennen die Nabatäer ihr Tal deshalb Raqmu, das Buntgestreifte. Die Stadt wird sich kilometerweit über den Talkessel und in die Schluchten ergießen. Mauern und Wachtürme schützen das Zentrum mit seinen Palästen und Tempeln, den Villen, Säulenstraßen, dem Theater und den Wohnvierteln aus Lehmziegelhäusern. Auf den Hügeln errichten die Nabatäer Heiligtümer, wo sie ihren Göttern huldigen.

Die großartigsten Bauten aber, in bester Lage, gehören den Toten: Grabmäler, direkt in die Felswände geschlagen. →

Der Blick auf Petras Theater – für Beduinen mit Wehmut verbunden. Bis 1985 lebten Familien vom Stamm der Bdul in den Höhlen; als Petra UNESCO-Weltkulturerbe wurde, mussten sie weichen

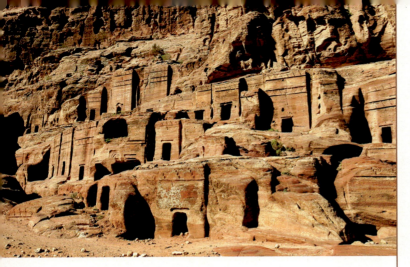

Ihre Toten bestatteten die Nabatäer in Grüften rund um die Stadt. Die wohl ältesten Gräber gehören zur Theaternekropole mit ihren engen Terrassen (oben). In Alleinlage ragt die über 40 Meter hohe Fassade von Ad-Dayr auf, einem rätselhaften Heiligtum auf einem Plateau hoch über dem Zentrum

Hunderte künstlich angelegter Höhlen, ganze „Gräberstraßen" durchlöchern die Bergflanken. Innen sind die Grüfte meist schlicht, ein hoher Raum mit Nischen für die Körper. Doch die äußere Fassade dieser Totenkammern wird immer kühner, immer monumentaler, bis man sie kaum noch von einem Palast unterscheiden kann. Mehrstöckig, mit frei stehenden Säulen, verziert mit Obelisken, Giebeln, Zinnen und Inschriften. Wer im Leben erfolgreich und wichtig war, der will das nach dem Tod überstrahlen. Auch wenn man nicht weiß, wie sich die Nabatäer das Jenseits vorstellten – ihr Totenkult prägt ihr gesamtes irdisches Dasein.

UM EINE GRABFRONT ZU ERSCHAFFEN, stellen Handwerker Holzgerüste auf und begradigen mit Hämmern, Messern und Sägen die Felswände. Dann zeichnen sie die Fassadenkonturen auf den Stein und meißeln die Formen von oben nach unten heraus. Die fertige Front überziehen sie mit Stuck und bemalen sie in leuchtenden Farben. Wahrscheinlich sind es nabatäische Reisende und von fern angeheuerte Architekten, die immer neue Ideen für noch grandiosere Gräber mitbringen: Den klassisch hellenistischen Stil, am gesamten Mittelmeer verbreitet, kombinieren die Peträer mit korinthischen Säulen und dorischen Friesen, verzieren Giebel mit einheimischen runden Blütenmustern, schmücken sie mit Pferden, Schlangen, Löwen, Adlern oder einem ganzen Panoptikum griechischer, römischer und altägyptischer Götter. Die nabatäische Baukunst vermischt Bekanntes und schafft so Einzigartiges.

Das wundersamste Gebäude Petras platzieren die Architekten ans Ende des Siq: die „Khazne Firaun", das Schatzhaus des Pharao, fast 40 Meter hoch, 28 Meter breit, zweistöckig und komplett aus einem Stück. Das unterste Stockwerk ruht auf sechs schlanken Säulen; den dreieckigen Giebel darüber haben Handwerker mit Blumenranken verziert und mit zwei geflügelten Löwen eingefasst. Der zweite Stock, mit einem pavillonartigen Dach in der Mitte, wird von einer gewaltigen Urne gekrönt. Oliven und Oleanderblätter ranken sich um die Giebel, Beeren und Granatäpfel. Und über allem wachen menschliche Skulpturen, zwölf heroische Figuren: Zwei nackte Reiter blicken zwischen den Säulen hervor, über ihnen schwingen Amazonen, so eine Interpretation, ihre Äxte; in der Mitte schaut eine Frau mit Füllhorn herab. Tyche, die griechische Schicksalsgöttin? Oder Isis, ägyptische Gottesmutter? Ob die Khazne als Königsgrab oder Tempel diente – niemand weiß es mehr. Beduinen taufen den Prachtbau später Schatzhaus, im Glauben, die Urne im zweiten Stock berge Gold und Edelsteine. Dutzende Einschusslöcher zeugen von den Versuchen, die vermeintlichen Reichtümer herabzuschießen.

Eine Nekropole, eine reine Begräbnisstätte, wie lang vermutet, ist Petra jedoch nie. Im Gegenteil: Um 70 nach Christus leben rund 30 000 Menschen in der Stadt, Händler, Bauern, Viehzüchter, Soldaten, Priester und Handwerker, darunter Töpfer, die für ihre eierschalendünne Keramik berühmt sind. Es müssen aber die Wasserbauingenieure sein,

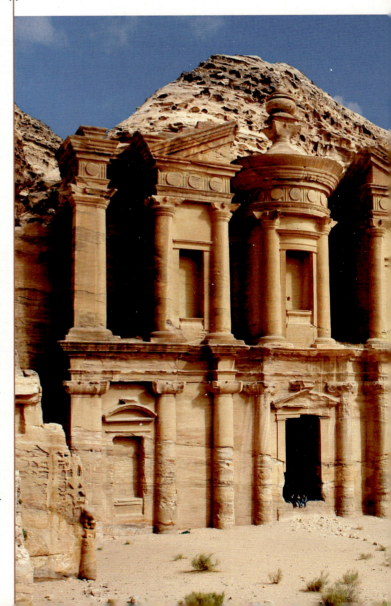

die in Petra höchstes Ansehen genießen, denn ohne ihr Können wäre die Stadt in der Wüste undenkbar. Um Petra mit den Quellen oberhalb des Tals zu verbinden, treiben Arbeiter kilometerlange Rinnen in den Fels und die Wände des Siq. In Tonröhren rauscht das Wasser sauber hinab; allein die Mosesquelle speist eine Zisterne von 300 000 Litern. Mittels Druckröhren lassen die Nabatäer das Wasser sogar aufwärts fließen. Wenn dagegen im Frühjahr, nach starken Regenfällen, Sturzbäche von den Hängen schießen und der Siq zu überfluten droht, schützen Dämme und Talsperren die Stadt.

Den Händlern, die die Felskapitale nach monatelanger Wüstenreise erreichen, muss die Ankunft wie der Einzug ins Paradies vorkommen. Bereits im gepflasterten Siq können sie sich an Wasserbecken erfrischen. In den Wänden der Schlucht klaffen Andachtsnischen mit Figuren darin – Götter, deren Segen augenscheinlich auf diesem Ort liegt. Gegen Ende der Schlucht wartet ein Mann mit vier Kamelen, lebensgroß in Stein gemeißelt. Im Zentrum Gärten. Felder. Villen. Tempel. Eine von Läden gesäumte Straße. Plätze, auf denen die Kaufleute aus Ägyten, Rom und Griechenland feilschen. Sogar künstliche Wasserfälle rauschen in die Tiefe, zersprühen

vermutlich effektvoll auf einem Felstisch, bevor das Nass in Becken fließt. Die Nabatäer scheinen auch einen Hang zum Größenwahn zu haben.

PETRA BLÜHT ETWA DREI JAHRHUNDERTE LANG. Selbst als der letzte Nabatäerkönig seine Hauptstadt nach Bosra verlegt und sich im Jahr 106 nach Christus den Römern unterwerfen muss, wächst die Stadt weiter: Das Theater wird auf 8000 Plätze vergrößert, die staubige Hauptstraße gepflastert. Doch als die alten Handelsrouten allmählich verschwinden, zerfließt auch Petras Wohlstand. Ein Erdbeben zerstört 363 viele Gebäude, man baut nur einen Teil wieder auf. Zwar wird Petra noch Bischofssitz, im 12. Jahrhundert quartieren sich Kreuzritter ein. Doch die meiste Zeit liegt der Ort verlassen da.

Versinkt unter Sand. Verfällt. Verblasst im Gedächtnis der westlichen Welt.

Bis 1812 der Schweizer Johann Ludwig Burckhardt im Orient auftaucht. Er reist inkognito unter dem Namen Ibrahim ibn Abdallah, trägt Bart und Turban und spricht fließend Arabisch. Für eine britische Forschungsgesellschaft soll er heimlich unbekannte Regionen Afrikas erkunden. Doch auf dem Weg von Damaskus nach Kairo unternimmt er einen Abstecher Richtung Wadi Musa, das Mosestal, „von dessen Altertümern ich die Leute in der Region mit enormer Bewunderung reden hörte". Sein Führer protestiert: keine Erlaubnis der Beduinen, Mörder, Räuber überall! Burckhardt greift zu einer frommen Lüge: Er habe gelobt, im Wadi Musa, auf dem Berg Hor, am Grab des Propheten Aaron, eine Ziege zu opfern. Aarons Zorn fürchtet der Führer noch mehr als die Räuber, und so betritt Burckhardt Mitte 1812 Petra. Als erster Europäer seit fast 600 Jahren.

Vor dem Schatzhaus notiert er: „Das Gebäude sieht aus, als sei es gerade erst fertig geworden." Der Führer drängt, die Sonne sinkt, also schnell die Ziege geopfert und fort. „Ich hätte leicht Verdacht erregen können, dass ich ein Schwarzkünstler oder Schatzgräber sei", schreibt Burckhardt. Tatsächlich halten viele Beduinen Fremde für Grabräuber oder, noch schlimmer, für Zauberer, die Schätze durch die Luft fliegen lassen können. „Künftige Reisende mögen den Ort unter dem Schutz eines Trupps Bewaffneter besuchen", rät Burckhardt. Er verbringt nur wenige Stunden in Petra, doch er ist zutiefst berührt.

Sein Abenteuerbericht erscheint 1822, zu einer Zeit, als Orientreisen allmählich in Mode kommen. Bei Hobbyarchäologen, Forschern, Künstlern. Der schottische Landschaftsmaler David Roberts, Mitglied der Royal Academy of Arts, erreicht die steinerne Stadt 1839, nach strapaziöser Reise, zähem Gefeilsche mit örtlichen Scheichs und nur unter Geleitschutz. Und dann das: „Oft warf ich meinen Bleistift fort, weil ich darüber verzweifelte, ob ich auch nur eine Vorstellung von diesem außergewöhnlichen Ort würde vermitteln können."

Gut fünf Tage bleiben ihm, dann werden die Beduinen ungemütlich. Doch Roberts gelingt es, Bilder von fast fotografischer Präzision zu schaffen; auch mithilfe einer Camera lucida, bei der das Motiv beim Blick durch ein Prisma auf dem Papier erscheint. Seine 123 Lithografien prägen Europas Bild von Petra auf Jahrzehnte.

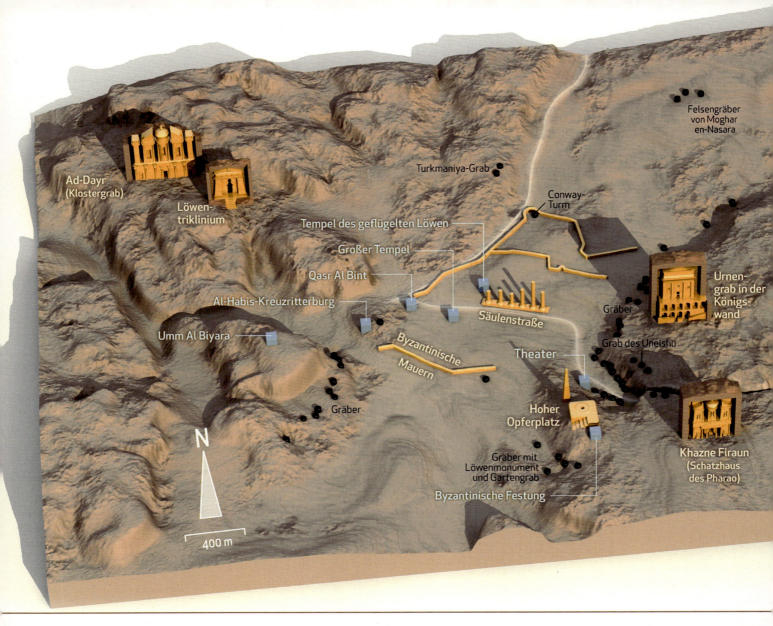

DIE WISSENSCHAFTLICHE ERFORSCHUNG der versunkenen Stadt beginnt Anfang des 20. Jahrhunderts mit einer Katalogisierung von rund 800 Felsfassaden durch ein deutsch-österreichisches Forscher-Duo; eine Nummerierung, der man bis heute folgt. Arbeit bleibt für viele Forschergenerationen: Geschätzte 80 Prozent von Petra liegen noch unter Sand und Schutt; vor allem über das Stadtzentrum und die Privathäuser der Nabatäer weiß man kaum etwas.

Als Petra 1985 zum UNESCO-Weltkulturerbe erklärt wird, ist dies der längst überfällige Ritterschlag für Jordaniens schönstes Altertum. Und seit der Nahe Osten als relativ sicheres Reisegebiet gilt, vor allem aber seit die Felsenstadt 2007 unter die „Neuen sieben Weltwunder" gewählt wurde, boomt der Ruinentourismus.

Petra ist das beliebteste Reiseziel Jordaniens; in Spitzenmonaten drängen sich 120 000 Touristen durch den Siq, bis zu 5000 am Tag. Die UNESCO empfiehlt maximal 2000 täglich. Ein klassisches Dilemma: Wie soll man Schönheit zugänglich machen und gleichzeitig bewahren? Altertumsexperten beklagen, dem rund 20 Quadratkilometer großen Archäologischen Park fehlten Konzepte für nachhaltigen Tourismus. Viele Monumente liegen ungeschützt, der weiche Sandstein bröckelt unter Wind, Regen, Schuhsohlen und Hosenböden ermatteter Touristen. Wer schamlos genug ist, braucht sich nur zu bücken und kann sich die Taschen mit nabatäischen Keramikscherben füllen. In antiken Höhlen spucken Dieselgeneratoren, stapeln sich Bistromöbel, rauschen Toiletten, eine Gruft dient gar als Bar.

Hohe Ticketpreise von bis zu 95 Euro am Tag sollen seit Ende 2010 den Touristenstrom eindämmen und Geld für den Schutz der Stadt einbringen. Gleich ein halbes Dutzend Organisationen haben sich auf die Fahnen geschrieben, Petra zu retten. Die Ausbildung der Parkranger, meist Beduinen, soll verbessert werden, die Zahl der Souvenirshops nicht weiter steigen, optimierte Absperrsysteme sollen die Touristenströme in geregelte Bahnen lenken, gestaffelte Eintrittszeiten und neue Routen die Massen entzerren. Auch die Pferdekutschen

Illustration: Emily Cooper für GEO Special

INFO

▶ PETRA

Die rote Stadt

FÜR EINEN BESUCH IN PETRA sollten Sie mindestens zwei ganze, besser mehrere Tage einplanen. Von Amman aus erreichen Sie nach rund 200 Kilometern Richtung Süden **Wadi Musa**, einen Ort, der überwiegend aus Hotels besteht. Entsprechend groß ist die Auswahl an Unterkünften; dennoch unbedingt reservieren! Besonders schön: das Dorf **Taybet Zaman**, das komplett in eine Hotelanlage umgewandelt wurde: www.jordantourismresorts.com, DZ ab 100 €. In Laufentfernung zum Archäologischen Park: das **Mövenpick**, www.movenpick-petra.com, DZ ab 190 €. Ein Erlebnis: Übernachtung im **Beduinencamp** etwas nördlich von Petra: www.bedouincamp.net, ab 28,50 € p. P.

TICKETS UND TOUREN: Eintrittskarten nur im **Visitor Center** des Parks, www.petrapark.com. Tagesticket: 95 € p. P., in der Gruppe 53 €, für drei Tage 64 €, Kinder bis 14 Jahre frei. Im Besucherzentrum sind auch geführte Touren zu buchen, etwa die vierstündige **Altstadt-Tour** für 53 €, die man zum Kloster Ad-Dayr verlängern kann. Romantisch: **Petra By Night**; nach Sonnenuntergang erhellen 1800 Kerzen den Siq bis zum Schatzhaus (Mo, Mi, Do 20.30–22.30 Uhr, Tickets 13 €). Wichtig: Nie ohne Wasser und Kopfbedeckung losgehen!

HIGHLIGHTS (siehe Karte links): Bereits auf dem Weg vom Visitor Center zum Zentrum passieren Sie das mächtige **Obeliskengrab** mit seinen dreieckigen Pfeilern. Dann, nach der knapp anderthalb Kilometer langen Schlucht, dem Siq, folgt das **Schatzhaus**. Weiter im Zentrum fällt eine Wand auf, die einige der imposantesten Fassadengräber vereint: die **Königswand**, deren eindrucksvollstes Gebäude das **Urnengrab** ist – wahrscheinlich die Gruft eines Königs, später zur Kathedrale umgebaut. An der Hauptstraße, 100 Meter vor dem Theater links, führt ein steiler Weg auf 1035 Höhenmeter zum **Hohen Opferplatz**. Zurück bringt Sie ein schöner Rundweg über das Wadi Farasa zum Zentrum mit der spätnabatäischen **Säulenstraße**, einst die Hauptachse Petras, die beidseitig von Tempeln und Läden gesäumt war. Nördlich und südlich lassen sich auch Reste der Stadtmauern erahnen. Am Ende des Hauptwegs folgen Sie einem Pfad aufwärts, vorbei am **Löwentriklinium** mit seiner von zwei Tierfiguren flankierten Öffnung. Nach insgesamt rund 45 Minuten gelangen Sie zum Kloster **Ad-Dayr** – einem der unglaublichsten Gebäude Petras.

ABSTECHER: Wer Ruhe sucht, sollte unbedingt zehn Autominuten nördlich von Petra den **Siq Al Barid** besuchen: **Little Petra**, Eintritt frei. Hier bekommen Sie auch ein Gefühl für die einstigen Dimensionen der Nabatäersiedlung: Little Petra war ein Vorbezirk der Hauptstadt, wo vermutlich Waren lagerten. Tempel, Gräber, Aquädukte überziehen das schmale Tal. Die Sensation aber verbirgt sich in einem Speisesaal, dem **Biklinium**: An der Rückwand erstrahlt ein im August 2010 fertig renoviertes Fresko, das letzte Beispiel nabatäischer Wandmalerei. Flötenspielende Putten, Blumen, Vögel, Früchte in feinsten Pinselstrichen beweisen, wie kunstsinnig das Volk der Felsen einst war.

---

will mancher aus dem Siq verbannen, weil Hufe den empfindlichen Boden ruinieren. In Elektrowagen sollen Besucher durch die Schlucht surren. Solange jedoch selbst die Touristenpolizei von Petra, die auf dem Gelände für Ordnung sorgen soll, in altnabatäischen Höhlen stationiert ist, scheint der Weg zu einem sanfteren Umgang mit dem Erbe noch weit zu sein.

WER IM MORGENWIND vom Felsrücken hinter dem Hohen Opferplatz auf die über 2000-jährige Stadt hinunterschaut, sieht also auch immer, wie verletzlich Stein ist. Treten Sie den Rückweg an, bevor die Sonne zu stark brennt. Steigen Sie auf der östlichen Talseite hinab, durch das Wadi Farasa, am Löwenmonument und Gartengrab vorbei. Trinken Sie bei einer Beduinin einen süßen Tee mit Minze. Und schauen Sie sich dann das Schatzhaus an. Im Licht zwischen neun und zehn Uhr leuchtet es am erhabensten. ∎

Heftredakteurin **Kirsten Bertrand** lehnte das Angebot ab, per Esel hinauf zum Opferplatz zu reiten. Nicht ihre allerbeste Idee.

Maysoon Eid Al Zoubi, Jahrgang 1962, Generalsekretärin im jordanischen Ministerium für Wasser und Bewässerung

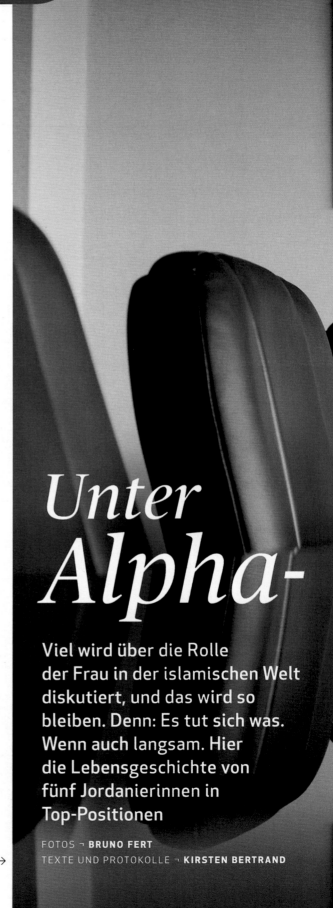

Unter Alpha-

Viel wird über die Rolle der Frau in der islamischen Welt diskutiert, und das wird so bleiben. Denn: Es tut sich was. Wenn auch langsam. Hier die Lebensgeschichte von fünf Jordanierinnen in Top-Positionen

FOTOS ¬ **BRUNO FERT**
TEXTE UND PROTOKOLLE ¬ **KIRSTEN BERTRAND**

ALS SIE 2009 GENERALSEKRETÄRIN WURDE, hatte sie mit vielem gerechnet – nur nicht mit den Glückwünschen von Frauen, die sie gar nicht kannte. „Das ist nicht selbstverständlich", sagt Maysoon Eid Al Zoubi mit leiser, energischer Stimme. „Frauen hierzulande halten nicht unbedingt zusammen." Selbst bei Parlamentswahlen stimmen Wählerinnen eher für Männer, das Selbstvertrauen der Frauen wächst nur langsam. Zoubi, eine gläubige Muslimin, hat es sich nie leicht gemacht. Hat Technik studiert, Kinder bekommen, gearbeitet und „immer Aufgaben übernommen, die kein anderer haben wollte, die mir deshalb auch niemand streitig gemacht hat", sagt sie, während ihr Sekretär Sprudel serviert. „Wassermangel ist auch so ein Thema, vor dem die meisten am liebsten davonlaufen würden." Die Wasserarmutsgrenze liegt bei 1000 Kubikmetern pro Kopf und Jahr, Jordanier müssen sich mit 145 begnügen. „Unseren Schatz, unser Erbe, unsere Zukunft" nennt Zoubi das Wasser, als spräche sie von einem Kind.

Als Generalsekretärin kämpft sie an vielen Fronten. Einen Tag berät sie sich mit ausländischen Experten, am nächsten diskutiert sie mit Bauern, die Grundwasser aus illegalen Brunnen pumpen, dann tagt sie mit hohen Politikern. Auf dem Tisch liegen Papiere für eine Präsentation, die sie für eine Konferenz der arabischen Wasserminister vorbereitet. Eine Männerdomäne, in der die blonde Zoubi schon optisch aus dem Rahmen fällt. Ihr nächstes Projekt: Sie will eine Datenbank aufbauen, um nachzuweisen, welcher Grenznachbar wie viel Wasser aus Flüssen abzweigt, bevor diese Jordanien erreichen. Ein unpopuläres Thema. „Aber ich fürchte mich nicht. Deshalb schickt man mich zu solchen Treffen. Auch wenn sich danach schon mal jemand über mich bei meinem Chef beschwert hat."

Ihrer Karriere geschadet habe das nicht, sagt Zoubi: „Ich hatte Glück, dass meine Förderer immer gesehen haben, was ich leiste." Nie hat sie um eine Stelle gebettelt, und so duldet sie auch die arabische Vetternwirtschaft nicht, bei der ganz ungeniert nach einem Job für Sohn, Bruder oder Cousin gefragt wird: „Meine Regeln sind glasklar. In diesem Ministerium muss jeder arbeiten, Frauen wie Männer. Ich selbst bilde mich auch ständig weiter, in Jordanien, in Boston, Berlin, Paris. Ich will Vorbild sein." Doch auch sie stößt an Grenzen – ironischerweise bei ihren eigenen Mitarbeiterinnen. Selbst die fähigsten Frauen unter den 400 Angestellten vermag sie nicht dazu zu bewegen, Seminare im Ausland zu besuchen, allein zu reisen, sich so weiterzubilden. Über die Gründe will sie nicht spekulieren – liegt es am Frauenbild der muslimischen Gesellschaft, an religiös verbrämten Restriktionen? „Manche Frauen stehen sich selbst im Weg, vielleicht ist es auch Trägheit", sagt sie.

Ihr eigener Weg könnte noch einen Schritt weiter nach oben führen – ins Ministeramt. „Steht zwar nicht auf meiner Agenda, aber wenn es eines Tages geschehen sollte, warum nicht? Meine Töchter sind 18 und 15. Nur mein zwölfjähriger Sohn hat kürzlich gesagt: „Ich träume davon, dass du mal zu Hause bist, wenn ich von der Schule komme." Sie lächelt weich. Für eine Sekunde sitzt die private Maysoon Eid Al Zoubi am Schreibtisch. Manchmal kann es auch schmerzen, Vorbild zu sein. →

Frauen

BISLANG IHR GRÖSSTER ERFOLG? Bothina Hamad überlegt keine Sekunde: „Dass ich 2004 eine Stelle an der Universität von Jordanien bekommen habe." Drei Jahre zuvor hatte sie an der Hochschule in Amman als erste Frau den Doktortitel in Physik gemacht. Trotzdem musste sie jahrelang kämpfen, bevor sie eingestellt wurde. Oder vielleicht gerade deshalb.

Schon als Kind, sagt Hamad, sei sie ein bisschen anders als andere gewesen. „In der Schule habe ich mein Brot von der Mitte aus gegessen statt vom Rand, weil ich schneller zum Wesentlichen vordringen wollte. Meine Lehrerin meinte, dass ich es weit bringe, weil ich Dinge aus einem ungewöhnlichen Blickwinkel sehe." Doch 2001, nach ihrer Promotion, schien ihre Karriere beendet. Die Universität Amman bevorzugte Mitarbeiter aus dem Ausland statt aus den eigenen Reihen. „Absurd", sagt Hamad, ihre Augen blitzen kampfeslustig. „Also habe ich mich um ein Postdoktoranden-Stipendium der Alexander-von-Humboldt-Stiftung in Deutschland beworben." Heimlich. Einzig ihre Mutter wusste davon. Denn Hamad stammt aus einer konservativen Familie; als Frau allein ins Ausland zu reisen ist fast undenkbar. Was half, waren vollendete Tatsachen: Erst nachdem sie die Zusage für das Stipendium und sogar das Visum in den Händen hielt, ging sie zu ihrem Vater. Er fragte: „Bestehst du darauf?" Sie erwiderte: „Ja." Dass er einwilligte, lag auch daran, dass Hamads Schwester damals in Berlin lebte, mit ihrem Mann. Es besänftigte den Vater, dass jemand auf seine zu allem entschlossene Tochter achten würde.

Nun ist Dr. Hamad eine von zwei Frauen am Physikinstitut in Amman, neben 33 Männern. Ihr Traumjob, obwohl sie oft 50 Stunden und mehr pro Woche im Büro sitzt. „Wenn alles gut läuft, hoffe ich, in zwei Jahren Professorin zu sein, inschallah." Auch wenn sie manchmal den Eindruck hat, doppelt so hart arbeiten zu müssen wie ein Mann, um zu beweisen, wie gut sie ist.

Dr. Bothina Hamad, Jahrgang 1965, Hochschullehrerin an der Abteilung für Theoretische Physik der Universität Amman

„Es ist schade, dass nur wenige Frauen hohe akademische Ämter erreichen", sagt Hamad. Bei Studienbeginn sind noch fast 80 Prozent ihrer Studierenden weiblich. Viele bekommen aber keine Jobs an der Universität, um ihre akademische Karriere voranzutreiben, etliche heiraten früh. „Und meine talentierteste Studentin musste aufhören, weil ihr Vater es so wollte. So etwas macht mich traurig", sagt Hamad. Die Situation verbessere sich zwar, aber die Gesellschaft schätze unabhängige, starke Frauen noch immer nicht genug.

Vielleicht ist das auch der Grund, warum sie noch unverheiratet ist. Ein Mann hat einmal zu ihr gesagt: „Du bist so smart, dass unsere Ehe nicht funktionieren würde." Gebildete Frauen gelten als gefühlskalt. „So ein Unsinn", sagt Hamad und lacht so laut wie über einen guten Witz.

Und ihr Vater? Hamad lehnt sich wohlig in ihrem Stuhl zurück. „Der erzählt jetzt überall: Meine Tochter ist Doktor der Physik an der Universität. Das macht mich sehr glücklich."

Jordaniens Frauen (von oben links): Beduinin im Wadi Rum; königliches Familienmitglied; beduinische Bäckersfrau; Mädchen beim Einkaufen in Amman; Studentinnen bei einer Pause; Näherin bei der Begutachtung eines Brautkleids; Schmuckherstellerin im Wadi Rum; wartende Frau in Akaba; Studentin vor der Universität von Amman; Direktorin des Kindermuseums in der Hauptstadt; Opernsängerin

Lucie Aslou, Jahrgang 1948, Bereichsleiterin für Öffentlichkeitsarbeit der Intercontinental-Hotel-Gruppe

„Das Foto trifft mich ziemlich gut. Immer am Telefon, manchmal an dreien gleichzeitig. Als PR-Chefin von neun Fünf-Sterne-Hotels muss ich ständig erreichbar sein, demnächst eröffnen wir noch ein zehntes Haus am Toten Meer. *(Ihr Handy summt.)* Mehr noch: Wir organisieren Hochzeiten, Bankette, Kongresse, betreuen Staatsgäste, Politiker, Könige und Königinnen. Ich bin sehr gut vernetzt, und wer mich kennt, der weiß, dass ich Projekte von A bis Z begleite. Dabei bin ich persönlich sehr zurückhaltend; dies ist das erste Interview, das ich gebe. Lieber bleibe ich im Hintergrund.

1972 kam ich aus dem Libanon nach Jordanien, seit 1980 arbeite ich im Intercontinental Amman. *(Ihr Handy summt.)* Ich arbeite von morgens früh bis spät in die Nacht, oft komme ich auch am Freitag rein, um in Ruhe zu erledigen, was liegen geblieben ist. Nicht ungewöhnlich für mich, denn ich verdiene mein Geld seit meinem 17. Lebensjahr. Mein Vater starb früh, meine Mutter ermahnte mich nach einem 18-Stunden-Tag manchmal: Pass auf deine Gesundheit auf und genieße dein Leben mehr. Nun ja. Geheiratet habe ich nie, bereut habe ich das allerdings auch nie.

Um einen Titel oder eine bestimmte Position ist es mir nicht gegangen. Ebenso wenig darum, Männern zu zeigen, dass ich als Frau etwas leisten kann. Ich wollte einfach gute Arbeit abliefern. Das sage ich auch den jungen Frauen: Wenn es in eurem Charakter liegt, hart zu arbeiten, dann tut es. Aber seht darin nicht ständig einen Kampf der Geschlechter. Ich jedenfalls kenne Probleme mit männlichen Kollegen nicht. Nur ganz am Anfang meiner Karriere provozierte mich einer. Er sprach mich nie mit Namen an, sondern immer nur mit ‚Du, Frau!'. Ich wollte schon kündigen, aber mein Chef sagte: ‚Mach solchen Leuten nicht die Freude zu gehen.' Also sagte ich zu dem Kollegen: ‚Weißt du was? Du, Frau!, das kannst du zu deiner Mutter oder Ehefrau sagen. Aber nicht zu mir.' Danach war alles gut. *(Ihr Handy summt.)*

Dürfte ich mal kurz an mein Handy gehen? Ich glaube, es ist wichtig."

„ALS ICH 2008 BEI GERICHT ANFING, standen oft Leute vor mir in meinem Büro und fragten: ‚Wo ist denn der Richter?' Und wenn ich antwortete ‚Sitzt vor ihnen', dachten viele an einen Scherz.

Richterin zu werden war lange unmöglich in Jordanien. Eine Frau, die so machtvoll ist, dass sie sogar Männer ins Gefängnis schicken könnte? Von Gesetzes wegen durchaus erlaubt, in der Praxis: undenkbar. Jordaniens erste Richterin wurde 1996 ernannt. Heute sind wir 46 Frauen in diesem Amt – neben rund 650 Richtern.

Meine Arbeit am Jugendgericht ist emotional sehr aufreibend. 70 bis 80 Fälle verhandle ich jeden Monat, meist Diebstahl oder Sachbeschädigung. Nicht wenige Kinder brauchen aber auch selbst Schutz, vor drogenkranken Eltern, vor Gewalt, vor Prostitution. Da zählt jeder Tag. Einen Monat nach meinem Amtsantritt habe ich deshalb ein Exempel statuiert. Es war am Ende des Ramadan, ganz Jordanien hatte vier Tage frei, auch das Gericht war geschlossen. Da bekam ich einen Anruf: Ein Kind brauchte Hilfe. Alle sagten: Muss halt warten. Aber das konnte ich nicht! Für solche Notfälle existiert ein Gesetz, das Verhandlungen auch an hohen Feiertagen erlaubt. Also berief ich schnell das Gericht ein, dem Kind wurde geholfen. Ich war die Erste, die dieses Gesetz in Jordanien angewendet hat.

Ehrgeizig war ich eben immer schon. Aber ohne meine Familie hätte ich es zu nichts gebracht. Meine Mutter besitzt nicht mal einen Schulabschluss, trotzdem hat sie immer gesagt: Lerne, Tochter! Als ich 1994 meinen Cousin heiratete, ließ mein Vater eigens in den Ehevertrag schreiben, dass ich weiter arbeiten darf. 1994 bestand ich mein Jura-Studium, arbeitete dann im Justizministerium und machte eine Fortbildung zur Richterin. Nur zwei Tage vor Studienbeginn brachte ich meinen Sohn zur Welt, trotzdem saß ich pünktlich im Seminar. Meine Kollegen waren schockiert, meine Eltern nicht: Sie übernahmen ohne Zögern das Baby und meine beiden älteren Töchter. Dafür werde ich ihnen immer dankbar sein.

Und meinem Mann ebenso. Wenn ich zu Hause lernen musste, ist er mit unseren Kindern im Auto spazieren gefahren, damit ich Ruhe hatte. Unsere Gesellschaft ist anders, als viele denken: Ehemänner sind stolz auf erfolgreiche Frauen, Eltern auf ihre Töchter. Frauen können alles werden. Mittlerweile sogar Gerichtspräsidentin.

Meine älteren Töchter, nun 14 und 12, wollen auf keinen Fall Richterinnen werden – wegen der vielen Arbeit. Archäologin und Diplomatin stehen bei ihnen im Moment hoch im Kurs, das ändert sich ständig. Aber was immer sie später tun: Ich werde sie unterstützen. Sie sollen frei sein."

Iman Qatarneh, Jahrgang 1972, Richterin an Jordaniens einzigem Jugendgericht in Amman

Reema Ramoniah, Jahrgang 1983, Torhüterin der jordanischen Frauen-Fußballnationalmannschaft

„UNS KENNT JEDER IN DER ARABISCHEN WELT. Wow, die jordanischen Fußballerinnen sind spitze, heißt es hier. Aber anderswo wissen die Leute rein gar nichts über uns. Die fragen allen Ernstes: Wo liegt denn dieses Jordanien? Herrscht bei euch Krieg, dürfen Frauen überhaupt in die Öffentlichkeit, reitet ihr auf Kamelen, wohnt ihr in Zelten? Und: Wird dir unter deinem Kopftuch nicht heiß? Ich trage das Tuch immer, beim Training, im Spiel, ich merke es gar nicht mehr. Die Fragen zeigen jedenfalls, dass wir nicht nur Sportlerinnen sind – sondern auch Botschafterinnen für unser Land.

Ich bin seit Gründung des Nationalteams im Jahr 2005 dabei, damals wechselte ich direkt aus der Handballnationalmannschaft, weil ich Fußball spannender fand. Schon als Kind habe ich mit meinen Brüdern und Cousins gekickt, obwohl Fußball als Jungssport galt und immer noch gilt. Meine Mutter schimpfte, mein Vater sagte nichts, der Rest der Familie wohnte zum Glück weit weg.

Anfangs wurde Frauenfußball in Jordanien nicht ernst genommen, zu den Spielen kamen ein paar Eltern. Aber das war in Deutschland wenig anders, oder? Nur ist das um die 30 Jahre her. Mittlerweile werden unsere Spiele im Fernsehen übertragen, 500 bis 1000 Zuschauer kommen, sogar die königliche Familie zählt zu unseren Fans. Und neulich schrieb ein bekannter Sportjournalist, er habe noch nie derart leidenschaftlichen Fußball gesehen – und meinte uns! Ich musste fast weinen vor Freude.

Jetzt bräuchten wir nur noch einen Sponsor; die 39000 Euro, die wir jährlich von der FIFA bekommen, sind schön, reichen aber nicht. Die Männer kriegen fünfmal so viel. Ich verdiene mein Geld bei der Jordanischen Fußballvereinigung als Koordinatorin für den Frauenfußball, die anderen im Nationalteam sind alle noch Studentinnen.

Wenn ich Männern erzähle, dass ich Torhüterin bin, reagieren die meisten positiv. Zumindest tun sie so. Aber wenn es ums Heiraten geht, sind sie weniger offen. Um eine Ehefrau zu finden, können Männer in Jordanien bei ‚Matchmakern' anrufen, Ehestifterinnen. Wenn sie dann hören, was ich tue, sagen viele nur ‚Na, vielen Dank!' und legen auf. Egal, ich bin ohnehin nicht so der Heiratstyp. Und ich würde nie einen Mann akzeptieren, der mir den Sport oder das Reisen verbietet. Du lernst, dich auf andere Menschen einzustellen, du legst deine Schüchternheit ab. Meine Schwester war so zurückhaltend, dass mein Vater irgendwann zu mir sagte: Nimm sie bitte mit zum Fußball! Jetzt spricht sie mit jedem. Man bekommt eine offene Einstellung gegenüber anderen Menschen, Kulturen, Religionen, Ländern. Wer nie rauskommt, erlebt das nicht.

Nur traurig, dass wir uns nicht für die Frauen-Weltmeisterschaft in Deutschland qualifizieren konnten. Unser bestes FIFA-Ranking war bislang Platz 51. Aber irgendwann werden wir es schaffen, wenn auch erst in zehn Jahren oder später. Wir wollen den Worldcup nach Jordanien holen."

Fotograf **Bruno Fert** (hier mit Torhüterin Reema Ramoniah und ihrer Teamkollegin) war erstaunt, wie unterschiedlich Frauen in Jordanien leben. Von verschleiert bis freizügig, alles ist möglich. „Und sie haben keine Berührungsängste untereinander – sie respektieren sich einfach gegenseitig."

DAS? DAS? ALLES.

Thomas Cook

Ganz sicher mein Urlaub.

Sie lieben die Freiheit, sich Ihren Urlaub selbst zusammenzustellen? Aber wünschen sich auch die Sicherheit einer Pauschalreise? Mit den individuellen Pauschalreisen von Thomas Cook geht endlich beides. Und das Beste: Es gibt sie ab sofort in Ihrem Reisebüro.

Beratung und Buchung in Ihrem Reisebüro, unter 01803/400 190* oder auf **www.thomascook-reisen.de**
* 0,09 €/Min. aus dem deutschen Festnetz, Mobilfunk max. 0,42 €/Min.

Im Reich der

Wo weniger Meer ist: Um einen Meter pro Jahr sinkt der Pegel des Toten Meeres – zum Vorschein kommt schlammiges Niemandsland, wie hier auf der Lisan-Halbinsel, die das Gewässer mit dem hohen Salzgehalt mittlerweile gar entzweit

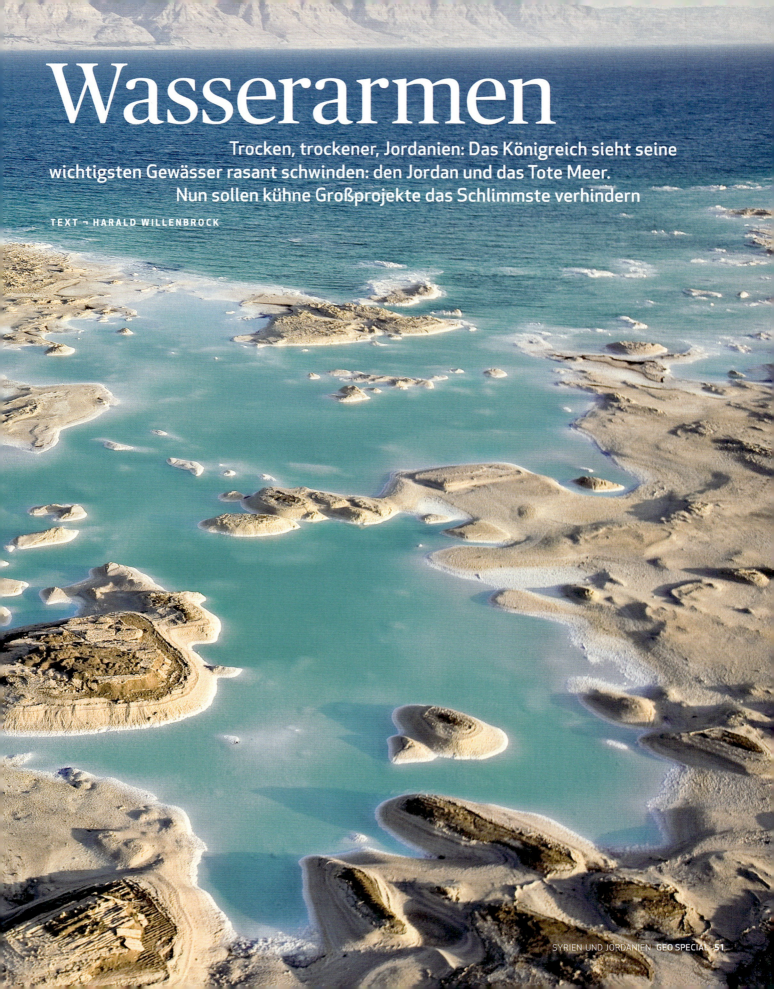

Wasserarmen

Trocken, trockener, Jordanien: Das Königreich sieht seine wichtigsten Gewässer rasant schwinden: den Jordan und das Tote Meer. Nun sollen kühne Großprojekte das Schlimmste verhindern

TEXT ¬ HARALD WILLENBROCK

MITUNTER, wenn Elias Salameh Besuchern die weitgehend unbeachtete, aber umso beunruhigendere Seite seines Landes zeigen will, setzt er sich mit ihnen ins Auto. Lenkt den Wagen vom Stadtrand Ammans auf die Umgehungsstraße und braust Richtung Südwesten, bis er seinen Mercedes eine knappe Dreiviertelstunde später am Ufer des Toten Meeres ausrollen lässt. „Da wären wir", sagt Salameh, schlägt die Fahrertür zu und stapft voran. Vor ihm liegt eine graue Mondlandschaft, durchsetzt von seltsamen Kratern. In manchen dieser Erdlöcher ließe sich problemlos ein Einfamilienhaus versenken, viele sind mit brackigem, von Mikroorganismen rostrot oder gelb gefärbtem Wasser angefüllt. An der Oberfläche zaust der Wind grauweiße Schaumkronen. Es wirkt, als hätte irgendein prähistorisches Riesentier hier seine gigantischen, abwassergefüllten Fußstapfen hinterlassen.

Tatsächlich sind die Krater jedoch weder Spuren urzeitlicher Wesen noch kosmischer Meteoritenschauer, sondern Zeugen eines menschengemachten Eingriffs, der die Oberfläche des tiefstgelegenen Binnengewässers der Erde in den vergangenen 40 Jahren um ein Drittel hat schrumpfen lassen. Gäste jener Badeeinrichtungen, die man in den 1980er Jahren direkt am Westufer errichtet hatte, müssen heute anderthalb Kilometer weit ans Wasser gekarrt werden. Und Jahr für Jahr sinkt der Spiegel weiter: um rund einen Meter. Zurück bleibt ein unfruchtbarer, salziger Streifen Ödland, den Salameh, Professor für Hydrogeologie an der Universität Amman und Mitglied des königlichen Komitees für Wasserressourcen, vorsichtig durchschreitet. Vorsichtig deshalb, weil unter der Oberfläche uralte Salzkammern klaffen, die jetzt, wo das Seewasser verdunstet ist, vom nachströmenden Grundwasser zu instabilen Hohlräumen ausgewaschen werden. Geben diese Kammern nach, verwandeln sie sich ohne Vorwarnung in schlammige Sinklöcher, die alles verschlucken. Vor einigen Jahren wurde ein israelischer Geologe erst nach 14 Stunden vom Grund eines solchen Kraters gerettet, als er bereits alle Hoffnung fahren gelassen und sein Testament verfasst hatte. Nahezu 3000 Löcher säumen das Ufer. Fast täglich kommen neue hinzu.

Bedrohlich ist das Verschwinden des Salzsees jedoch nicht nur für Anwohner und Besucher, sondern auch für Menschen, die Hunderte Kilometer entfernt leben. „Jeder Tropfen Grundwasser, der ins Tote Meer nachströmt und versalzt, ist als Frischwasser unbrauchbar", sagt Salameh. „Jedes Jahr verlieren die Länder rund ums Tote Meer so schätzungsweise 375 Millionen Kubikmeter potenzielles Trinkwasser – rund ein Viertel ihres Bedarfs!" Fragt man Salameh nach den Ursachen des Seesterbens, deutet er vage gen Norden, wo der einzig nennenswerte Frischwasserzufluss zu einem bräunlichen, stinkenden Rinnsal verkümmert ist: der Jordan. Kaum zu glauben, dass diese Bracke immer noch Zehntausende Pilger anzieht, die sich im heiligen Wasser taufen lassen oder an der Taufstelle Jesu beten – wo der Strom doch selbst droht über den Jordan zu gehen. Denn der „herabsteigende Fluss", so die Übersetzung des arabischen Namens, ist sowohl für Jordanier als auch für Israelis die wichtigste Trinkwasserquelle. Von den rund 1,2 Milliarden Kubikmetern Wasser, die er in guten Jahren führt, zapft allein Israel via See Genezareth knapp die Hälfte ab; Jordanien wiederum bedient sich vor allem an den Zuflüssen Jarmuk und Nahr ez-Zarqa. Lediglich ein Viertel des Jordanwassers erreicht den Nordzipfel des Toten Meeres.

Offiziell ist Jordanien eines der zehn wasserärmsten Länder der Erde. Inoffiziell hat es beste Chancen auf den Titel des Wassermangel-Weltmeisters. Denn während Mitbewerber wie Kuwait, Katar, Bahrain und Saudi-Arabien über ausreichend Öl verfügen, das sich für die energieintensive Entsalzung von Meerwasser verfeuern lässt, sitzt Jordanien gleich doppelt auf dem Trockenen – kein Öl, kein Wasser. Und so bedient es sich notgedrungen am Jordan, in den obendrein weiter flußabwärts die ungeklärten Abwässer von 30 000 Israelis, 60 000 Palästinensern und 250 000 Jordaniern eingeleitet werden. „Baden würde ich nie im Jordan", sagt Elias Salameh. „Und wenn Sie es vorhätten, würde ich alles versuchen, Sie davon abzuhalten."

Weiter verschärft wird das Schrumpfen des Toten Meeres durch zwei Fabriken, die am Südufer Kaliumkarbonat trocknen. Ein einträgliches Geschäft, denn die gewonnene Pottasche ist ein wichtiger Grundstoff für Dünger, aber in den Verdunstungsbecken lösen sich leider gewaltige Mengen Seewasser buchstäblich in Luft auf. Ein absurder, selbst gezogener Teufelskreis: Indem Jordanien Pottasche in Devisen und den Jordan in Trinkbares verwandelt, gräbt es sich gewissermaßen selbst das Wasser ab. Doch bleibt dem Wüstenstaat kaum etwas anderes übrig. Auf acht Zehntel der Landesfläche gehen weniger als 100 Millimeter Niederschlag pro Quadratmeter und Jahr nieder – ein Drittel dessen, was eine Landwirtschaft mit natürlicher Beregnung mindestens benötigt – und weniger als ein Siebtel der Menge, die alljährlich Deutschland beglückt. Und was herunterkommt, geht schnell wieder verloren: Im staubtrockenen Wüstenklima liegt die Verdunstungsrate weit über dem Weltdurchschnitt.

WEIL OBERIRDISCHES NASS Mangelware ist, wird unterirdisch nach Kräften abgepumpt. Bereits seit den 1980er Jahren zapft Jordanien aus seinen Grundwasservorräten mehr ab, als sich von allein regeneriert. Die permanente Übernutzung der Aquifers genannten Wasserdepots lässt nicht nur landesweit die Grundwasserspiegel sinken, sondern auch Quellen, Oasen und Flüsse austrocknen. Das Auspumpen des Swaqa-Reservoirs beispielsweise, aus dem unter anderem Teile der Millionenstadt Amman versorgt werden, hat den Fluss Wala bereits versiegen lassen. An der Straße von Madaba nach Kerak, die der Fluss früher als sprudelnder Strom unterquerte, liegt heute nur noch sein leeres Bett.

„Der Wassermangel hemmt unsere wirtschaftliche Entwicklung, und die gehemmte Entwicklung verschärft unseren Wassermangel", beschreibt Hydrogeologe Salameh das Dilemma, greift einen Block aus dem Handschuhfach und kritzelt eine Bilanz aufs Papier. Im Schnitt benötige ein Schwellenland wie Jordanien für Landwirtschaft, Industrie und Haushalte rund 1200 Kubikmeter Wasser pro Einwohner und Jahr. Jordanien jedoch, rechnet Salameh vor, kann aus erneuerbaren Quellen lediglich rund 150 Kubikmeter gewinnen. Mit anderen Worten: Das Königreich lebt hydrologisch permanent über seine Verhältnisse.

Was allerdings auch daran liegt, dass sich diese Verhältnisse ständig ändern. In fünf Jahrzehnten hat sich die Bevölkerung nahezu versiebenfacht. Allein →

> **5000 Kubikmeter Wasser** hat ein Deutscher im Jahr durchschnittlich zur Verfügung, nur 145 ein Jordanier. Weltweit muss kaum ein Land mit noch weniger auskommen. Die Metalltanks in Amman werden einmal wöchentlich gefüllt, wenn die staatliche Wassergesellschaft ihr überaltertes Netz flutet

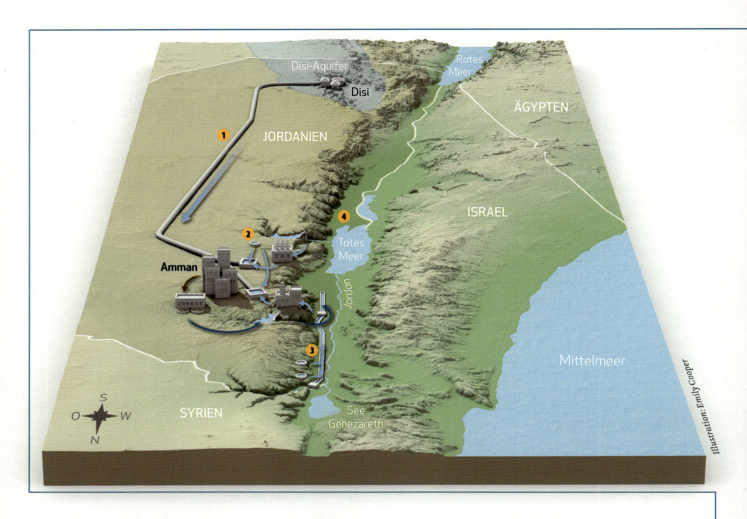

die Flüchtlingswellen des Irak-Konflikts und der arabisch-israelischen Kriege schwemmten deutlich mehr als eine Million Menschen ins Land. „All diese Flüchtlinge", sagt Guy Honoré, ein Wasserbauingenieur der Deutschen Gesellschaft für Technische Zusammenarbeit (GTZ), „haben hier ihre Geschäfte und Unternehmen aufgebaut, arbeiten und tragen zur Wirtschaftsleistung bei. Aber sie haben kein Wasser mitgebracht."

Nach Honorés Schätzungen ließen sich mit den natürlichen Ressourcen des Landes etwa zwei Millionen Menschen verlässlich versorgen; nicht jedoch jene rund sechs Millionen, die zu versorgen sind und die trinken, waschen, kochen. Und die Nachfrage legt in rekordverdächtigem Tempo zu: Jordaniens Einwohnerschaft wächst schneller als jene Indiens, Bangladeschs oder Nigerias. Wie knapp Wasser ist, lässt sich unter anderem an den Tanks ablesen, die allerorts auf den Hausdächern thronen wie überdimensionale Plastiknester einer kuriosen Vogelart. Nur einmal wöchentlich flutet Jordaniens staatliche Wassergesellschaft Miyahuna („Unser Wasser") ihr überaltertes Leitungsnetz. Dann werden die Tanks aufgefüllt. Bei Engpässen oder Reparaturen warten die Menschen mitunter mehrere Wochen lang auf ihre Ration.

Nun aber beflügelt ein neues Projekt die Wasserstrategen Jordaniens: Türkische und britische Ingenieure fliegen ein und aus, schweres Gerät wird herangeschafft. In einer Lagerhalle südlich des Queen-Alia-Flughafens liegen Röhren von gewaltigen 1,5 bis 1,7 Meter Durchmesser bereit, im Wüstensand verlegt zu werden. 300 Kilometer weiter südlich, in der Region Disi, treiben derweil Arbeiter 55 Brunnenschächte bis zu 500 Meter tief in den Boden. Dort hatten Ingenieure in den 1960er Jahren ein rund 30 000 Jahre altes Aquifer entdeckt, das sich von den Bergen bei Akaba Richtung Südosten erstreckt. Jordanische Farmer wässern mit dem fossilen Nass längst Melonen, Bananen, Trauben, Äpfel oder Aprikosen für heimische, aber auch ausländische Märkte – was bedeutet, dass Jordanien seine knappste Ressource auch noch ans Ausland verscherbelt: in Obstform.

Wenn das milliardenteure Röhrensystem 2013 planmäßig ans Netz geht, wird die Ausbeutung des Reservoirs eine völlig neue Dimension erreichen. Dann sollen mehr als 100 Millionen Kubikmeter Wasser pro Jahr in Richtung Amman rauschen und ein Drittel des hauptstädtischen Bedarfs decken. Ein gigantischer Aufwand von umstrittenem Nutzen, denn Disis flüssige Vorräte strahlen zum Teil eine hohe natürliche Radioaktivität aus. Stellenweise übersteigt die Radiumkonzentration das Dreißigfache der international empfohlenen Grenzwerte. Jordanische Politiker wiegeln ab.

Was aber selbst die Offiziellen beunruhigt, ist die Tatsache, dass sie mit der Pipeline allenfalls ein paar Jahrzehnte

Mitten durch das Tote Meer verläuft die Staatsgrenze zwischen Jordanien und Israel. Zwischen zwei Staaten, die dem geteilten See die Zuflüsse rauben, indem sie knapp 900 Millionen Kubikmeter Wasser aus dem Jordan entnehmen. Linderung kann ab 2013 eine Pipeline (1) schaffen, die pro Jahr rund 100 Millionen Kubikmeter aus dem Disi-Aquifer, einem fossilen Grundwasserspeicher, nach Amman leiten soll. Etwa ein Drittel des Hauptstadtbedarfs. Problem: Das Urzeitnass besitzt eine hohe natürliche Radioaktivität und muss mit anderem Wasser versetzt werden – etwa aus dem Wadi Wala (2) oder dem König-Abdullah-Kanal (3). Unten: Sinklöcher am Südostufer des Sees (4)

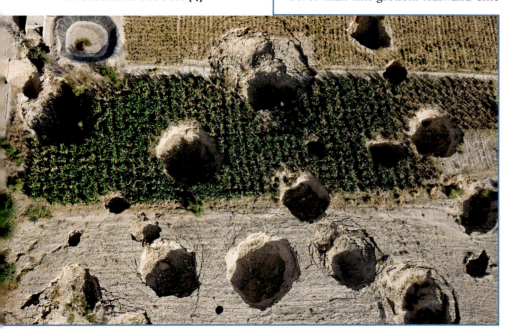

SO ÜBERZEUGEND DIE IDEE zunächst anmutet, so kompliziert ist sie bei genauerem Hinsehen. Denn für einen „Friedenskanal", wie er auch genannt wird, müssten die verfeindeten Anrainer Israel, Palästina und Jordanien zusammenarbeiten. Und selbst wenn sie es täten, blieben immer noch Baukosten von geschätzten fünf Milliarden Dollar, für die internationale Geldgeber gefunden werden müssten. Die Weltbank lässt gerade die Machbarkeit des großen Grabens prüfen. Umweltschützer haben das längst getan. Sie befürchten, dass durch das Vermischen von Rotem-Meer-Wasser mit dem zehnmal salzhaltigeren des Toten Meeres stinkender Schwefelwasserstoff entstehen könnte. Nicht zuletzt deshalb halten viele Ökologen dagegen: Bevor man mit großem Aufwand eine

Zeit erkaufen. Denn die Reserven des Disi-Aquifers lassen sich nur ein einziges Mal ausschlürfen. Und weil das so ist, träumen die Wasserstrategen des Landes von einer Quelle, die weitaus spektakulärer ist – vor allem unerschöpflich. Über einen 190 Kilometer langen Kanal, so die Idee, könnte das Tote Meer nach und nach mit Wasser aus dem Roten Meer aufgefüllt werden. Die Red-Dead-Verbindung, meint Professor Salameh trocken, „ist schlicht und einfach unsere einzige Möglichkeit, Jordaniens Wassermangel grundlegend beizukommen".

unerforschte, riskante und exorbitant teure Wasserquelle erschließe, sollten zunächst die vorhandenen Ressourcen effizienter genutzt werden.

Tatsächlich geht an einigen Orten mehr als ein Drittel der Kostbarkeit verloren, bevor sie überhaupt eine Armatur erreicht. „Man sieht Wasser aus geborstenen Leitungen die Straßen entlangströmen", kritisiert Naseem Tarawnah, einer der meistgelesenen jordanischen Blogger. „Jeder scheint einen Wagen zu besitzen, und fast alle werden täglich gewaschen." Am verschwenderischsten aber sind Jordaniens Landwirte, die zwar nur drei Prozent des Bruttosozialprodukts erwirtschaften, jedoch zwei Drittel des Süßwassers verbrauchen. Schuld daran ist auch eine absurde Preispolitik. Jordanier zahlen umgerechnet kaum 70 Cent pro Kubikmeter Wasser, in Deutschland sind es im Schnitt fünf Euro. Ein Gut, das wenig kostet, erfährt naturgemäß wenig Wertschätzung.

Dennoch: Langsam ändert sich das Problembewusstsein. Und so trifft Guy Honoré mittlerweile überall im Land auf interessierte Zuhörer. Im Auftrag der Regierung koordiniert der 55-Jährige Programme, die auf Wiederverwertung, Sparen und Umdenken setzen. Am Toten Meer hat er ein Vier-Sterne-Hotel mit einer Grauwasseranlage ausstatten lassen, über die Duschwasser gereinigt wird und anschließend durch die Toilettenspülung fließt. Die Kreditanstalt für Wiederaufbau sorgt für eine Erneuerung des porösen Leitungsnetzes, wodurch in Amman und Akaba bereits weniger Wasser verlustig geht. Bei Hausfrauen wirbt er für Regenwassertanks auf den Hausdächern, Landwirte berät er, wie sie gereinigtes Abwasser für ihre Felder nutzen können. Alles kleine Fortschritte. Von Großprojekten wie der Disi-Pipeline und der Red-Dead-Verbindung aber hält Honoré wenig. „Mag sein, dass Jordanien sie eines Tages braucht. Bevor wir nach fernen, teuren Früchten greifen, sollten wir aber erst jene von den niedrig hängenden Ästen ernten."

Wie simpel sich eine solche Ernte mitunter einfahren lässt, zeigt sich am Ende des Tages, als Elias Salameh, wieder daheim in Amman, den Wagen abstellt. Hinter seinem Haus wiegen sich Apfel- und Pfirsichbäume im Abendwind, gedeihen Reben voller tiefroter Weintrauben. Seine private Mini-Plantage bewässert Professor Salameh mit Regenwasser, das er in einer unterirdischen Zisterne sammelt. Es ist nicht viel, was ihm der Himmel bringt. Doch es reicht aus, ein kleines Stück Jordanien in einen Garten Eden zu verwandeln. ∎

Autor **Harald Willenbrock**, 43, ist Experte für kühne Projekte. Zuletzt berichtete er für GEO Special von den Malediven sowie aus Dubai und Katar.

Schlaflos in Akaba

FOTOS ¬ MONIKA HÖFLER TEXT ¬ MAREN KELLER

Diese Nacht ist keine stille. Und keine heilige: das Distant Heat, der größte Rave im Nahen Osten. Hier tanzt sich eine Jugend frei von strengen Konventionen

Für die Gegner ist es eine ZUMUTUNG

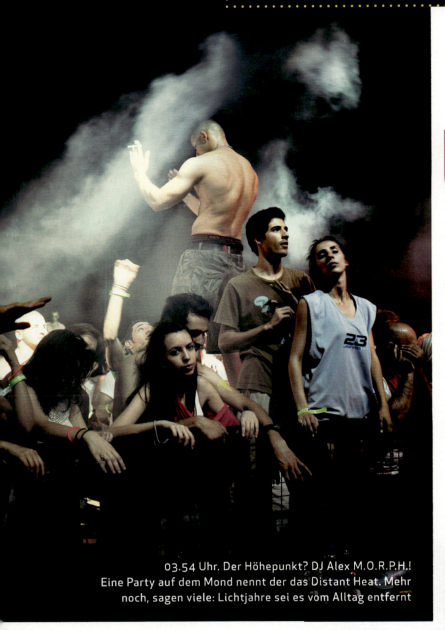

03.54 Uhr. Der Höhepunkt? DJ Alex M.O.R.P.H.! Eine Party auf dem Mond nennt der das Distant Heat. Mehr noch, sagen viele: Lichtjahre sei es vom Alltag entfernt

UM JORDANIENS JUGEND für einen Moment aus der Sicht der besorgten Alten, der Konservativen, der Religiösen zu sehen, muss man an einem bestimmten Tag nur an der Straße nach Saudi-Arabien stehen. Vierspurig führt sie aus Akaba hinaus und am Roten Meer entlang. Manchmal kommen Autos herangefahren, voll besetzt mit jungen Leuten, werden langsamer, biegen dann plötzlich ab, verschwinden zwischen den Hügeln, die im Lichte der Abendsonne so aussehen, als würden sie zu Staub zerbröseln, sobald man mit dem Finger in sie sticht. Kein Weg ist dort zu sehen und erst recht kein Wegweiser. Nur die Reifenspuren der Autos, die schon vorher dort entlanggesteuert wurden. Hier kommt Jordaniens Jugend vom rechten Weg ab.

Wer den Spuren folgt, erreicht ein Bergplateau. Hoch über der Hafenstadt Akaba, hoch über dem Roten Meer, werden an diesem Abend ein paar Hundert Partygänger Jordaniens größtes Technofestival feiern: das Distant Heat, ein Musikspektakel, den heißesten Rave im Nahen Osten. DJs und Besucher kommen aus allen Teilen der Welt; Jordanier und Libanesen, Ägypter und Saudis, Briten und Niederländer. Für die meisten ist es, vom Sonnenuntergang bis zum Morgengrauen, die aufregendste Nacht des Jahres. Für die Gegner des Festivals ist das Distant Heat der Beweis schlechthin für den moralischen Verfall des Landes. Und eine Zumutung obendrein.

Aber eine Stunde bevor es losgehen soll, ist die Party eigentlich nur eines: „It's still a mess", sagt eine Helferin, es ist immer noch ein Chaos. Die Bühne wirkt überdimensioniert in der Wüstenlandschaft, das Gelände trotzdem überraschend klein. Rund- →

Wo eine Woche zuvor nichts als Sand war und bald ein Golfplatz entstehen soll, schwebt DJ Zeid Husban auf gewaltiger Bühne. Es ist nicht nur das Adrenalin, das ihn nach solchen Auftritten nicht schlafen lässt. Sondern sein schlechtes Gewissen

05.43 Uhr. Auch wer kein Auge zugemacht hat, kann böse erwachen. Denn nicht jede Eroberung sieht bei Lichte so aus wie Mister Oberkörper vom Beachclub

um Stacheldrahtzaun. Die Bar steht erst halb, überall Kisten, die Kühlschränke sind noch in Plastikfolie gehüllt. Eine halbe Stunde vor Beginn ist keine einzige der Videoleinwände montiert. Eine Viertelstunde später ist zumindest der Werbestand eines Handyherstellers komplett, stolz fotografieren sich davor die Mitarbeiter in Fußballmannschaftspose.

40 Minuten nach dem offiziellen Beginn hastet ein junger Mann mit silberfarbenem Koffer über den Platz. Es ist Zeid Husban, der erste DJ der Nacht.

FÜR DAS DISTANT HEAT hat sich Husban Urlaub genommen von seinem Job als Außendienstmitarbeiter eines Internetanbieters. Zwei Wochen hatte er nach seinem Abitur gebraucht, um sich darüber klar zu werden, welchen Beruf er für den Rest seines Lebens wollte (und hat sich für Informationstechnologie entschieden). Ein Jahr hat er darüber nachgedacht, welches Auto er fortan fahren will (einen BMW). Aber seine ganze Jugend schon denkt er darüber nach, was nun falsch oder richtig ist (und kann sich nicht entscheiden). Nach Abenden hinter den Plattentellern, sagt Husban, liege er oft im Bett und könne vor schlechtem Gewissen nicht schlafen. Er glaubt an den Islam. Er glaubt an den Koran. Er glaubt an den Weltuntergang. Und er glaubt, dass die Partys, auf denen er auflegt, dessen Vorbote sind.

SO WUNDERBAR LAUT, SO KRACHEND, SO BEGLÜCKEND sind die Weltuntergangszeichen kurze Zeit später geworden, dass sie einfach nicht überhört werden können.

Die Shuttlebusse aus Amman sind endlich angekommen. Ein Niederländer springt sofort auf die Tanzfläche. Das Licht der Stroboskope verwandelt die Nacht in ein Daumenkino. Lichtblitzstakkato. Einer von Husbans Freunden tanzt auf dem neben der Bühne drapierten Tisch. Lichtblitz. Ordner müssen einen Touristen bergen, der zum Pinkeln über den Stacheldrahtzaun geklettert und nun dahinter gefangen ist. Lichtblitz. Rhythmisch wogende Körper. Lichtblitz. Ein wenig abseits vom Getümmel küsst ein Jordanier eine Engländerin, über die er am nächsten Tag nicht mehr wird reden wollen. Lichtblitz. Nackte Oberkörper leuchten im Licht. Arme schwingen.

Im Staub vor der Bühne tanzt das junge Jordanien, gemischtgeschlechtlich und frei. Niemand hier trägt Kopftuch oder überhaupt besonders viel.

Und hinter der Bühne sitzt Julian Noursi, die Erfinderin und Organisatorin des Distant Heat, merklich erschöpft. Merklich entrückt. Nur eine Woche zuvor hat Noursi noch mit dem Gedanken gespielt, das Land zu verlassen. Grund dafür war ein Brief, in dem ihr das Verbot der Veranstaltung mitgeteilt wurde. Seit 2003 steigt das Festival im Wadi Rum, inmitten von Jordaniens schönster Wüste. Doch dieses Mal haben die dort lebenden Beduinen ein Nein erwirkt. Es ist nicht ganz klar, worum es ihnen hauptsächlich ging – um Ruhe, um Hoffnung auf Geld oder Angst vor Müll. Für Noursi hingegen geht es um alles oder nichts. Sie sagt: „Wenn das Distant Heat verboten wird, verlasse ich Jordanien."

Die Lastwagen mit den Bühnenbauteilen steckten an jenem Tag schon in der Wüste, und Julian Noursi wusste nicht so recht, wohin mit ihnen und mit ihrer Wut. Ein Bekannter schlug schließlich vor, auf die Hügel über Akaba auszuweichen, ein Privatgrundstück und immerhin am Meer. Nur vier Tage vor Beginn stand der neue Ort fest, verbreitete sich über Facebook, und die Arbeit, die normalerweise spielend leicht eine Woche verschlingt, konnte in Angriff genommen werden.

Deshalb also fühlt sich Noursi in der Nacht der Nächte ausgelaugt. Dabei ist es nicht so, dass sie keine Schwierigkeiten gewohnt wäre. Einmal konnte ein Videokünstler nicht anreisen, weil er wegen des Libanonkrieges den Flughafen nicht nutzen durfte. Und die Gegner des Festivals werden nicht müde, Gerüchte zu verbreiten, die sich in immer neuen Kombinationen um Satanismus und Drogen und Nacktheit drehen. „In Europa", sagt Noursi, „muss man schlimmstenfalls mit Regen rechnen." In Jordanien hingegen ist Regen wohl die einzige Widrigkeit, die man ausschließen kann.

JULIAN NOURSI GLAUBT, das Festival und junge Menschen wie sie seien die Zukunft des Landes. Und es schmerzt sie, dass Jordanien diese Zukunft nicht immer zu wollen scheint. Schließlich haben sie und andere viel anzubieten, sagt Noursi, und es klingt nach enttäuschter Liebe. Strand, Miami, ungehinderte Karriere – das schwebt ihr mittlerweile vor.

Noursi ist Mitte 30, sie hat Wirtschaft an internationalen Universitäten studiert und ausdauernd versucht, in Jordanien zu bleiben. Nun aber ist sie, wie viele gleichaltrige Jordanier auch, nicht mehr sicher. Statt mit Boykotten oder mit Demonstrationen droht ihre Generation dem Land mit Braindrain. In Scharen ziehen junge, gut ausgebildete Jordanier fort.

Das Durchschnittsalter in Jordanien ist dennoch so niedrig wie in kaum einem anderen Land. Drei von vier Jordaniern sind unter 30. Auf den Straßen, in den Läden, in den Bars – überall sieht man fast nur junge Menschen. Zweifellos ist dieses Land jung. Wie aber fühlt es sich an, in diesem Land jung zu sein?

Konservative sagen, eine ganze Generation sei da der Popkultur verfallen. Sie schätze Musik und neumodisches Zeugs mehr als den Islam. Sie habe nichts aufbauen müssen und gebe nur das Geld ihrer Väter aus. Westlich sei sie geworden, materialistisch und kalt. Eine Generation, der die Tradition egal sei. Wer →

Drei von vier JORDANIERN sind unter 30

sich jedoch durch das junge Jordanien treiben lässt, wird feststellen, dass es so einfach nicht ist. Denn gut möglich, dass man auf einer Fahrt zur Party im königlichen Yachtclub neben einem Beduinenjungen sitzt, der sich die Augen mit dem traditionellen Kajal seiner Großväter schminkt. Oder in Amman auf einen Skateboarder trifft, der fünfmal am Tag das Brett beiseitelegt, um zu beten. Und wenn knapp zwei Wochen nach dem Distant Heat der Fastenmonat Ramadan beginnt, werden die meisten der jungen Jordanier Verzicht üben, auch jene, die am Tag nach der Party das Freitagsgebet verschlafen.

WÄHREND DES FESTIVALS wohnt Zeid Husban, der DJ, in der Ferienwohnung seiner Eltern an einem der größten Swimmingpools der Stadt. Die Wohnung liegt zwischen Hotels in einem Vorort Akabas, in einer künstlichen Welt aus Terrakotta, in der es Alkoholläden und Bars an jeder Ecke gibt. Ein deutscher Tourist am Pool seufzt, es sei unglaublich, dass auch „die Araber so eine Ballermannstimmung" haben könnten.

Husban und seine Freunde bleiben in der Siedlung unter sich. Das ist in Akaba nicht anders als zu Hause in Amman, wo Husban auf eine Privatschule gegangen ist. Wer seine Kinder dorthin schickt, will, dass ihnen das reiche West-Amman zu Füßen liegt. Und auch Abdoun, ein Trendviertel, das auf merkwürdige Weise aufgeräumt aussieht. So als habe jemand all die Schornsteine, die Plastikstühle vor den Türen, die Schilder, die Blumentöpfe, das ganze charmante Gewusel entfernt, das für andere Teile der Stadt charakteristisch ist. Abdoun ist ein Versprechen; die Häuser frei stehend, die Jugend frei. Hier wohnen Husbans Freunde. Und hier liegt auch der Club, in dem er einmal die Woche auflegt. Er heißt Flow. Montags und donnerstags tanzen sie hier zu Housemusic. Draußen parken dann Angestellte die teuren Wagen, und weit dahinter liegt die Stadt, verschlafen und stumm. Türsteher mustern die Gäste, es kommt aber fast jeder herein. Denn die höhere Barriere sind die Preise: Ein Drink kostet neun Dinar. Von einem durchschnittlichen jordanischen Monatseinkommen könnte man 33 kaufen.

Husban sagt, er kenne niemanden, der arm ist. Und er kann nicht mehr genau sagen, wann er das letzte Mal im anderen Amman war, dem armen, dem traditionellen Teil der Stadt. Ach doch. Wahrscheinlich, um billige DVDs zu kaufen. Vielleicht bei Kamal Muhammad Daaride, der zwölf Stunden am Tag in einem der kleinen Läden dort steht und Filme verkauft, von Hollywood-Liebesschnulzen bis zu Kriegsstreifen, schwarz gebrannt, für einen Dinar

Das GRAUEN vor dem Morgen

das Stück. Daaride verdient im Monat so viel wie Husban an einem einzigen Abend im Club: 250 Dinar. Davon könnte er gerade einmal drei Tickets für das Distant Heat kaufen. Aber Daaride hat eine Tochter und eine Wohnung, für die er Miete zahlen muss – und vom Distant Heat hat er noch nie gehört. Auch das ist das junge Jordanien.

Wenn Kamal Muhammad Daaride längst schläft und auch das restliche Land in Stille versunken ist, peitschen auf dem Festival weiter die Beats. Höchstens aus den Hotels größerer Städte dringt sonst noch Musik, denn dort finden die Hochzeiten statt. Mit riesigen Torten, Schweiß und Tränen der Rührung. 300 geladene Gäste, manchmal gar mehr, und auch als ungeladener Zaungast wird man gleich hereingewunken. Das Brautpaar tanzt, die Brautmutter tanzt, kleine Mädchen in Meerjungfrauenkleidern tanzen. Zwei Frauen tragen schwere Kameras auf den Schultern, deren Bilder auf Leinwänden neben der Eingangstür zu sehen sind. In Großaufnahme: ein Mann, der ausgelassen eine Goldkette über dem Kopf schwenkt. Draußen lehnt der Vater des Bräutigams erschöpft und glücklich an der Tür. Endlich hat er den jüngsten Sohn verheiratet, der ist auch schon Ende 20. Dann muss der Vater weg. Seinem Enkel einen entflohenen Luftballon von der Decke ziehen.

Es ist schwer zu glauben, aber die wildesten und die wichtigsten Partys sind immer noch die Familienfeiern. Daran kann kein westlicher Einfluss etwas ändern, kein Studium im Ausland – und noch nicht einmal das Distant Heat.

JULIAN NOURSI, 34, sagt, sie kenne sonst kaum jemanden in ihrem Alter, der noch nicht verheiratet sei, und abends sei ihr deshalb manchmal komisch zumute. Husban ist jetzt 25 und spart schon auf seine eigene Hochzeit. Die Frau, die er heiraten will, soll nicht trinken, und auch er will später wieder öfter in die Moschee gehen. Mit dem Musikauflegen wird er sowieso aufhören, weil das kein angesehener Beruf sei. Dann werde hoffentlich auch sein schlechtes Gewissen kleiner werden.

Jordaniens Jugend will das Land gar nicht liberalisieren, sie will sich nur austoben, bevor der Ernst des Lebens beginnt.

Die Frau, die Husban heiraten wird, möchte er in keinem der Clubs kennenlernen. Und erst recht nicht auf dem Distant Heat, wo nun langsam die Sonne aufgeht. Wo nun langsam die Musik verstummt – und sich plötzlich alle fremd und verschwitzt gegenüberstehen. Wie in jenem Moment im Kino, in dem das Licht wieder angeschaltet wird und man realisiert, dass man neben Unbekannten geweint hat.

Organisatorin Noursi klettert auf die Bühne. „Willkommen und auf Wiedersehen. Das war das achte Distant Heat und ein Neuanfang", sagt sie.

Die Sonne leuchtet auf Akaba, das Rote Meer glitzert unverschämt kitschig. Vielleicht hat sie recht. Vielleicht ist das gar nicht der Weltuntergang. Vielleicht geht es gerade erst los. ∎

Das, was vom Distant Heat übrig bleibt: das »Flow« in Amman. Hier trinkt man so selbstverständlich Alkohol, wie man im Ramadan fastet

Autorin **Maren Keller**, 27 (r.), hat ein Jahr in Jordanien gelebt und an der Universität von Amman Arabisch gelernt. Mit Fotografin **Monika Höfler**, 33, war sie hauptsächlich nachts unterwegs. Nach dem Distant Heat fielen die beiden um neun Uhr ins Bett.

INFO

NACHTLEBEN

Wo Jordanien ausgeht

DJ Zeid Husban empfiehlt zum Tanzen das **Flow** in Amman, wo er donnerstags Housemusic auflegt. Zu finden am Abdoun Circle im Stadtteil Abdoun, Mazen-Seedo-Al-Kurdi-Straße. Ganz in der Nähe auch Husbans Stammcafé: das **Blue Fig**, Al-Ameer-Hashem-Bin-Al-Hussein-Straße, www.bluefig.com. Tagsüber gutes Essen – etwa Figgza, eine Art Pizza –, abends Lounge. Distant-Heat-Organisatorin Julian Noursi schwört auf das Restaurant **Living Room**, Third circle, www.romero-jordan.com. Köstlich dort: Cocktails und Sushi, aber auch arabische Speisen wie Shawarma. Zum Einkaufen ist für Noursi das Viertel **Al Sweifiya** in Ammans Westen erste Wahl. Und dort vor allem die **Wakalat-Straße**, die durch ihre Mischung aus arabischen und internationalen Läden besticht. Und eine weitere Straße legen junge Jordanier ans Herz. Offiziell heißt sie Abu-Bakr-Al-Siddiq-Straße, doch alle nennen sie nur **Rainbowstreet**. Ein Donnerstagabend in Ammans quirligster Ausgehzone ist unvergesslich: Autokorsos im Schritttempo, feiernde Jugendliche in unzähligen Cafés, Restaurants und Imbissläden, die vor lauter Gästen zu bersten scheinen. Ein Muss: das Falafel-Sandwich im winzigen Stehimbiss **Al Quds**, dessen frittierte Bällchen im ganzen Land berühmt sind. Oder das **Beit Shocair**, eine restaurierte Familienresidenz mit ruhigem Innenhof und einem Restaurant. Wenn möglich vorn auf der Terrasse Platz nehmen – und als Vorspeise den Blick über die Hügel des abendlichen Ammans genießen. Wer dann noch kann und will: In einer Parallelstraße der Rainbowstreet, der Omar-bin-Al-Khattab-Straße, gelangt man durch einen Buchladen zum **Books@Café**, Ammans ältestem Internetcafé – und dem ersten, das mit weiblicher Bedienung aufwartete. Schöne Terrasse mit Sesseln und Sofas.

Das Distant Heat fand im Juli 2010 zum achten Mal statt, ob es eine neunte Auflage der Wüstenparty geben wird, steht noch nicht fest. Informationen auf der Facebook-Seite oder unter www.distantheat.com.

Bei Fahrern und im Sand: bleibende Eindrücke in allen Richtungen

WÜSTE! WEITE!

Lawrence von Arabien kannte keinen besseren Ort, seine »Seele zu erfrischen«, als das Wadi Rum. GEO Special hat heutige Reisende nach ihren Erlebnissen in der schönsten Wüste Jordaniens gefragt

PROTOKOLLE ¬ **CHRISTOPH DREYER**

PER KAMEL

Silvia Ramirez, 37
PRODUKTMANAGERIN AUS BARCELONA, SPANIEN

Die Sehenswürdigkeiten im Wadi Rum sind nicht das Spannendste, sogar das „Haus des Lawrence von Arabien" mitten in der Wüste: bloß ein paar Steine. Der Höhepunkt ist die Wüste selbst. Das Kamelreiten fand ich nicht besonders schwierig: In Wirklichkeit lenkt nur der Führer sein Tier, die anderen Kamele sind an seinem festgebunden. Ich habe mich ganz wohlgefühlt im Sattel, aber mein Freund bekam etwas Panik, denn nach sechs Stunden begannen seine Beinmuskeln zu schmerzen. Sie tun ihm immer noch weh. Am Zeltplatz angekommen, ließ uns der Führer den ganzen Nachmittag allein. Abends brachte uns jemand etwas zu essen und fuhr dann wieder weg. Das war perfekt, denn wir hatten die Wüste ganz für uns. Unter den Sternen zu schlafen war sehr romantisch. Ja, das war das Beste: der Nachmittag und die Nacht allein in der Wüste.

ANBIETER: Silvia Ramirez hat ihre Tour vor Ort im Besucherzentrum gebucht: gegenüber den „Sieben Säulen der Weisheit", www.wadirum.jo/Visitor_Center.htm, 32 € p. P. für einen Ganztagsausflug, mit Übernachtung 64 €.

→

Unverwüstlich: genügsame Kamelherde kurz vor dem Beduinendorf Disi

Kühle Assoziation: Die Felsen im Osten haben Tropfnasen wie angeschmolzenes Eis

MIT DEM HEISSLUFTBALLON

Santiago Ruiz-Morales, 60
BANKER AUS MADRID, SPANIEN

Ich war schon fast überall mit dem Ballon unterwegs: in Myanmar, in Südfrankreich, in ganz Spanien – aber eine Fahrt über das Wadi Rum ist sogar für mich noch etwas Besonderes. Kann ich jedem empfehlen. Diese Berge sind spektakulär! Wir waren rund 50 Minuten in der Luft, und man fährt dorthin, wohin einen der Wind eben trägt. Das macht den Reiz aus. Khaled Shishani, der Pilot, ist sehr professionell und aufmerksam. Wir haben auch am Boden eine Tour durchs Wadi Rum unternommen, aber die Ballon-Erfahrung toppt das allemal. 99 Prozent der Besucher machen sie nicht. Die sind selbst schuld.

ANBIETER: Royal Aero Sports Club of Jordan, Tel. 00962-797/30 02 98, www.royalaerosports.com, 140 € p. P., Kinder bis zwölf Jahre 70 €.

PER JEEP

Chiara Canossa, 37
EXPORTKAUFFRAU AUS BOLOGNA, ITALIEN

Mit dem Jeep sind wir von dem Dorf Rum zur Lawrence-Quelle Ain Shelaleh gefahren; später dann noch ein Stück durch eine Schlucht gewandert. Das Eindrucksvolle daran: Man fühlt sich so unfassbar klein, weil um einen herum alles sehr, sehr groß ist. Das Camp, in dem wir die Nacht verbracht haben, hat uns ausgesprochen gut gefallen, mit Duschen und allem Drum und Dran. Und wir waren die einzigen Gäste. Nach dem Essen haben wir Sternschnuppen gezählt. Ich habe fünf entdeckt, aber einer von uns hat noch viel mehr gesehen. Wunderschön, der Himmel über der Wüste! Man fühlt sich ganz nah an den Sternen und glaubt, man könne sie anfassen, nach ihnen greifen. Keine andere Lichtquelle im Umkreis verdirbt das Spektakel, nichts – atemraubend. Wenn man nur eine Tagestour durch die Wüste unternimmt und abends wieder fährt, bekommt man von diesem Zauber nichts mit. Man muss wirklich über Nacht bleiben.

ANBIETER: Bedouin Roads/Attayak Ali Al Zilabia, Tel. 00962-795/89 97 23, www.bedouinroads.com, etwa 85 € pro Fahrzeug und Tag. →

Inseln gleich, tauchen Gebirge in Jordaniens größtem Schutzgebiet aus dem Sand

ZU PFERD

Claire Kamoun, 24
PROJEKTLEITERIN AUS FRANKREICH, WOHNT IN ZÜRICH, SCHWEIZ

Fünf bis sechs Stunden pro Tag sitzen wir im Sattel, über Mittag machen wir Pause, wegen der Hitze. Abends gäbe es auch Zelte, aber wir übernachten lieber im Freien – umgeben von Sand, von Tieren. In einer Nacht hat mir ein Fuchs sogar übers Gesicht geleckt. Das Besondere an dieser Art zu reisen: Es geht nicht nur darum, was ich sehe, sondern auch, was ich spüre. Denn man fühlt, was das Pferd fühlt – wenn man über eine Sanddüne reitet, merkt man, wie sehr das Tier sich anstrengen muss. Die Tiere sind gesund, und unsere Begleiter machen einen professionellen Eindruck. Als mir etwas unwohl im Magen war, haben sie spezielle Kräuter gesammelt und mir einen Tee gebrüht. Der hat sofort geholfen. Wenn ich noch einmal reisen dürfte, würde ich das nicht im Sommer tun. Wegen der Hitze sind wir viel Schritt geritten, nur wenig getrabt und galoppiert. Pflaster für den Po mitnehmen und immer Tee trinken!

ANBIETER: Gebucht in Frankreich bei Randocheval, Tel. 0033-04/37 02 20 00, www.randocheval.com, ab 2090 € für neun Tage Jordanien inkl. sechs Tage Reiten im Wadi Rum. Englischsprachiger Anbieter: Wadi Rum Horses/Atallah Sweilhin Stable, in Salhiya, 10 km von Rum entfernt, Tel. 00962-79/580 21 08.

Im wilden Osten: Das Sandmeer ist hier fest genug für mehrtägige Ausritte

Der 1600 Meter hohe Dschebel Um Ishrin: ein Ziel für Aufsteiger

KLETTERN

Alessandro Superti, 47
HOCHFREQUENZTECHNIKER AUS MAILAND, ITALIEN

Die Berge und die Wüste, der Sand und der Fels, das ist eine geniale Kombination. Und man trifft nur wenige andere Kletterer. Von den Briten hat sich die strenge Sitte gehalten, keine Haken oder Anker am Fels zu hinterlassen. Man findet also alles unberührt vor, auch wenn vorher schon jemand dieselbe Route geklettert ist. Großartig, denn dadurch muss man ein sehr gutes Gespür für den Fels entwickeln, um den richtigen Weg zu finden. Einen Führer haben wir nur für logistische Hilfe bei Lager, Essen und Transport gebucht. Er kennt das Gelände perfekt, hat uns an die Startpunkte gebracht und abends wieder abgeholt. Die Routen sind alle mittelschwer oder schwer, aber mit genug Erfahrung schafft man sie. Während unserer zwei Wochen im Wadi Rum hat es zwei Tage geregnet, die haben wir für Wanderungen in der Wüste genutzt. Unvergesslich, denn alle Bäume und Pflanzen sind nur für wenige Stunden aufgeblüht.

ANBIETER: Bedouin Roads/Attayak Ali Al Zilabia, www.bedouinroads.com, Tel. 00962-795/89 97 23, rund 650 € für 12 Tage mit Übernachtung im Camp, Verpflegung und Transfers zu und von den Kletterstellen. Buchempfehlung: Tony Howard, „Treks and Climbs in Wadi Rum", aktualisierte Ausgabe 2010, 24 €. ∎

dossier

Königin Rania von Jordanien

ERST ALS ALLES VORÜBER WAR, erfuhr die Öffentlichkeit davon: 2010 musste sich Königin Rania in New York am Herzen operieren lassen. Das jordanische Volk bangte um seine „Lady Di", die Bürgerliche mit der Aschenputtel-Biografie. Ranias Familie, Palästinenser aus dem Westjordanland, musste mehrfach vor Besatzung und Krieg fliehen. In Amman lernte die Bankerin während eines Banketts Prinz Abdullah kennen und heiratete ihn 1993 – lange bevor feststand, dass er König werden würde.

Die schöne Rania, geboren 1970, ist eine unkonventionelle Königin: Gegen den Widerstand konservativer Kräfte kämpft sie für Bildung, Frauenrechte, gegen Kindesmissbrauch und sogenannte Ehrenmorde, bei denen rund ein Dutzend Jordanierinnen jährlich getötet werden. Sie gibt Interviews via Skype, sendet Botschaften über einen eigenen YouTube-Kanal, und sie twittert. Nicht zuletzt deswegen wurde Rania jüngst vom „Forbes Magazine" unter die weltweit 100 einflussreichsten Frauen gewählt – als „Königin der Social Media mit mehr als 1,3 Millionen Anhängern auf Twitter und mehr als 300 000 Fans auf Facebook". Bereits ein paar Wochen nach ihrer Herz-OP twitterte sie wohlgemut aus dem Stadion des FC Barcelona, wo sie mit ihren vier Kindern einem Spiel folgte. Es ging ihr offensichtlich gut.

Adonis

DIE WETTEN STANDEN GUT: Auch 2010 wurde der syrischstämmige Lyriker Adonis als Favorit für den Literaturnobelpreis gehandelt, noch weit vor dem späteren Gewinner Mario Vargas Llosa. Doch Dichter haben es traditionell schwer bei der Preisvergabe, und Adonis, der bedeutendste arabische Dichter und Philosoph der Gegenwart, ist obendrein streitbar: „Alle syrischen Lehrbücher sagen, ich hätte die Dichtkunst zerstört", sagte der 81-jährige Poet in einem Interview – und sah dabei ziemlich zufrieden aus.

An Selbstbewusstsein mangelte es Ali Ahmad Said, so sein Geburtsname, nie: Bereits als Teenager legte er sich das griffige Pseudonym Adonis zu; später machte er sich systematisch daran, die Regeln der arabischen Poesie zu brechen. Mischte Versmaße, pfiff auf Gleichklang, dichtete gegen ideologische Zwänge und Diktatur. Seit Mitte der 1980er Jahre lebt er in Paris. Dichtung, sagt er, sei für ihn eine bestimmte Art zu denken. Nur an eines denke er nicht: irgendwann doch noch den Nobelpreis zu bekommen.

Haitham Hakki

ER WIRD AUCH „Vater des Fernsehens" genannt. Trotzdem hat Haitham Hakki, 61, einer der bekanntesten Filmemacher in Syrien, ein Problem: Sein neuestes Werk soll niemand sehen. „The Long Night"

MENSCHEN

handelt vom Leben politischer Gefangener – ein brisantes Thema. Zwar genehmigte die Zensurbehörde sein Drehbuch. Doch bevor der fertige Film in die Kinos kommt, muss er erneut durch die Instanzen. Dort hängt er seit Monaten fest.

Hakki verdient sein Geld normalerweise mit Serien; seine meist historischen Dramen, die Millionen vor die Bildschirme ziehen, behandeln aktuelle Probleme: korrupte Politiker, Terroristen, dekadente Familien. Rund 50 Serien mit je 30 Folgen werden jährlich in Syrien gedreht und in die arabische Welt verkauft: Nach dem Öl sind die Soaps heute der größte Wirtschaftszweig des Landes. Nur deshalb durfte Hakki „The Long Night" produzieren: Der Filmemacher ist selbst ein Wirtschaftsfaktor.

Irgendwann werden auch die Syrer seinen Film zu Gesicht bekommen. Hakki will an Sender verkaufen, die ihr Programm über Satellit ausstrahlen. Denn den Kosmos, sagt er, können auch syrische Zensoren nicht schließen.

Asma Al Assad

NACHDEM ASMA AL ASSAD im Jahr 2000 den syrischen Präsidenten geheiratet hatte, tat sie etwas Ungewöhnliches: Sie tauchte unter. In Jeans und mit Rucksack, so heißt es, reiste sie monatelang durch Syrien. Erst wollte sie die Menschen kennenlernen, bevor sie als deren First Lady auftrat. Bis dahin hatte sie in Großbritannien gelebt, als Investment-Bankerin gearbeitet, Syrien kannte sie nur von Verwandtenbesuchen.

Zehn Jahre später wird Asma Al Assad, Jahrgang 1975, vor allem von den jungen Syrern geliebt. Denn sie steht für die Hoffnung auf ein modernes Syrien. Auch modisch ist sie ganz vorn: Das französische Magazin „Elle" wählte sie 2008 zur elegantesten Dame der internationalen Politik. Doch anstatt nur schönes Anhängsel ihres Mannes zu sein, arbeitet die dreifache Mutter, verteilt Mikro-Kredite und fördert den Fortschritt auf dem Land. Fraglos genießt sie Privilegien; doch auch sie muss sich mit der alten Garde arrangieren. Dass der Geheimdienst zeitweise ihre E-Mails abfing, machte sie fassungslos und zeigt: Völlig frei kann auch sie sich nicht bewegen.

Kronprinz Hussein

ÜBER SEIN GEGENWÄRTIGES LEBEN weiß man wenig, über seine Zukunft dagegen einiges: Prinz Hussein bin Al Abdullah, 16, wird König von Jordanien. Sein Vater, König Abdullah II., verkündete im Juli 2009, dass sein ältester Sohn ihm auf dem Haschemiten-Thron nachfolgen soll. Kronprinz Hussein hat nun Zeit, sich auf seine Aufgabe vorzubereiten: Zurzeit besucht er in Amman die Königliche Akademie, wo er Chinesisch, Spanisch und Französisch lernt und sich für Wissenschaft und Technik begeistert.

Fairuz

ADDIERT MAN DIE BEKANNTHEIT VON UDO JÜRGENS mit der Popularität von Michael Jackson und fügt noch ein wenig Madonna-Hype hinzu, dann kann man ungefähr erfassen, wie bekannt sie im Nahen Osten ist: Fairuz, Sängerin aus dem Libanon, seit fast 50 Jahren im Showbusiness. Jeder in Syrien und Jordanien hört sie, egal welchen Alters, welcher Konfession. Manche Radiosender spielen morgens ausschließlich Fairuz – hört man in der Frühe ihre Lieder über Leben, Leid und Liebe, kann einem nichts mehr passieren, sagt man. Fairuz ist heute 75 Jahre alt. Als sie 2008 nach 21 Jahren wieder in Syrien auftritt, stehen ihre Fans tagelang für Tickets an, das Staatsfernsehen sendet einen Sonderbericht. Ihre legendäre Stimme klingt brüchig, doch die Zuschauer singen jede Zeile mit.

Simon Hufeisen

dossier

Im Würgegriff des Kraken

Sie pochen an deine Tür. Sie rufen an. Sie fragen dich aus. Wer dem Mukhabarat, dem syrischen Geheimdienst, auffällt, wird bespitzelt

HOLGER EPP IST IHNEN AUFGEFALLEN. Nach seinem Studium reiste der Historiker nach Damaskus, um sein Arabisch zu verbessern und ein paar Monate den Orient zu erleben. Grund genug für den Mukhabarat, den Deutschen zu überprüfen. „Plötzlich", sagt Epp, „stand dieser Typ vor der Tür." Wie aus einem Spionagefilm habe er ausgesehen. „Schnurrbart, schwarze Lederjacke, schlecht sitzende Stoffhose, es fehlte nur noch die Fliegersonnenbrille." Der Mann stürmte ins Haus, setzte sich ins Wohnzimmer und begann, Epp auszufragen. Herkunft? Beruf? Aufenthalte in Israel? Von da an rief der Mann mit der Lederjacke ständig an. „Er stellte aberwitzige Fragen: Ob ich in meinem Sprachinstitut auch Hebräisch lernen würde und ob jemand dort Kontakt zu Israel hätte." Sogar Briefe aus Deutschland kamen geöffnet bei Epp an. „Irgendwann war meine Paranoia so groß, dass ich hinter jedem einen Spitzel vermutete. Das hing wie eine dunkle Wolke über allem."

Von ähnlichen Erlebnissen erzählen viele ausländische Studenten. Von Sicherheitsleuten, die Partys stürmen. Von Anrufen auf dem neuen syrischen Handy, dessen Nummer eigentlich noch niemand kennen kann. Touristen bekommen davon meist nichts mit. Sie werden höchstens aufgefordert, ein Bild zu löschen, wenn sie ein Regierungsgebäude fotografiert haben. Dabei bleibt es. Für durchreisende Ausländer ist Syrien sicher. Für Syrer hingegen nicht. Wer öffentlich Kritik am Präsidenten oder dessen Familie äußert, muss mit einem Hausbesuch rechnen. Der krakenartig verzweigte Geheimdienst hat Tentakel, die in alle Ecken des Landes reichen; Schlüsselpositionen sind mit Vertrauten und Verwandten des Präsidenten besetzt. Verlässliche Zahlen gibt es nicht. Eine Schätzung von 2001 geht davon aus, dass auf rund 160 Syrer im Alter von über 15 Jahren ein Mukhabarat-Mann kommt. Das wären fast 77 000 Spitzel. Zum Vergleich: In der DDR waren es zuletzt etwa 91 000 hauptberufliche Stasi-Mitarbeiter.

„Die Bespitzelung", sagt Nahost-Experte Dr. Carsten Wieland, „gestaltet sich in Syrien flächendeckend." Und nach Themen unterteilt: Unter dem Oberbegriff Mukhabarat soll es bis zu 15 verschiedene Geheimdienste geben. Einen, der innere Angelegenheiten überwacht, einen anderen, der Opposition und Medien im Auge behält, einen fürs Militär, einen für die Luftwaffe. Ein Zweig des Mukhabarat bietet sogar immer wieder international gesuchten Verbrechern Unterschlupf, etwa dem Nazi Alois Brunner, der noch heute auf den Fahndungslisten steht. Der Hauptverantwortliche der SS für die Deportation der Juden wurde in Syrien „Experte in Judenfragen".

Durch dieses Geflecht an Sicherheitsdiensten, heißt es, sei Syrien über Jahre politisch weitgehend stabil geblieben. Der Preis, den die Bevölkerung dafür zahlen muss, ist hoch: willkürliche Verhaftungen, Verhöre, Reiseverbote, sogar Misshandlung und Folter. Das rigide Vorgehen ist rechtlich abgesichert. Ein Gesetz von 1969 gewährt den Geheimdienstlern Immunität. Islamisten, Journalisten, politische Aktivisten, Kurden, die größte Minderheit Syriens, stehen besonders stark unter Beobachtung.

Und neuerdings Blogger. Der Syrer Aktham Suliman, Deutschland-Korrespondent des arabischen Nachrichtensenders Al Dschasira, sagt: „Heute ist der Arbeitsplatz des Mukhabarat nicht mehr draußen, sondern am Computer." So sitzt die Bloggerin Tal Al Mallohi, eine 19-jährige Studentin, seit Dezember 2009 ohne Gerichtsverfahren im Gefängnis, weil sie die Regierung auf ihrer Website aufforderte, mehr für Palästinenser zu tun. Offiziell wird sie der Spionage beschuldigt.

Holger Epps Leben gefährdeten die Zudringlichkeiten des Geheimdienstes zwar nicht, trotzdem wurde ihm Syrien irgendwann zu viel. „Die Mukhabarat-Spitzel gingen mir auf die Nerven. Ich brauchte Urlaub." Also buchte er einen Flug. Nach Dubai.

Simon Hufeisen

MELDUNGEN

Aus für Tabakqualm

Seit der syrische Präsident ein öffentliches Rauchverbot verhängt hat, sind Tradition und Profit in Gefahr

DICKE LUFT STATT BLAUEM DUNST: Syriens Kaffeehausbesitzer sind unglücklich über das jüngst verhängte Rauchverbot. Erst konnten sie keine Wasserpfeifen mehr vermieten, dann kamen immer weniger Gäste. Mancher Café-Betreiber klagt, einer von vier Tischen bleibe nun leer; die wenigen Besucher verweilten viel kürzer als früher; die Existenz stehe auf dem Spiel und überhaupt die Wasserpfeifen-Tradition eines ganzes Volkes. Nutznießer der neuen Regelung: Restaurants mit offenem Innenhof, denn unter freiem Himmel darf es weiter rauchen.

Im Frühjahr 2010 trat ein Gesetz in Kraft, das öffentliches Qualmen in geschlossenen Räumen untersagt. Der Erlass des syrischen Präsidenten Baschar Al Assad traf einen empfindlichen Nerv. Denn Syrien ist eine Nation von Nikotinsüchtigen. Laut Weltgesundheitsorganisation (WHO) rauchen 60 Prozent der männlichen und 24 Prozent der weiblichen Syrer. Wer jetzt trotz des Verbots zur Pfeife greift, dem drohen Strafen von bis zu 1600 Euro. Eine Anti-Raucher-Polizei patrouilliert abends durch die Galerieräume; zusätzlich wurde eine Hotline eingerichtet, die anrufen soll, wer einen Raucher zu riechen bekommt.

Assad wird eine düstere Prognose der WHO gelesen haben: Im Jahr 2030 könnten 80 Prozent der Todesfälle in Syrien auf Tabakkonsum zurückzuführen sein.

Rettung für Verlorene

Sie hat es geschafft: Die Arabische Oryx ist in Jordanien wieder heimisch. Ein Oasenfisch dagegen geht unter

ES KLINGT WIE EIN SCHERZ der Evolution. Ausgerechnet ein Fisch kann sich brüsten, das einzige endemische Wirbeltier im Wüstenstaat Jordanien zu sein: der Azraq-Kärpfling, eine der seltenen Fischarten der Erde. Das fünf Zentimeter kleine Tier schwimmt in den Seen der Azraq-Oase, östlich von Amman. Noch. Denn deren Wasserspiegel sinkt kontinuierlich, der Kärpfling ist vom Aussterben bedroht. Die „Royal Society for the Conservation of Nature" bemüht sich, die einst blühende Oase zu erhalten und den Wüstenfisch zu retten.

Ein anderes Tier konnte die Gesellschaft gar wieder beleben: Die Arabische Oryx, einst auf der arabischen Halbinsel beheimatet, wurde in Jordanien in den 1920ern ausgerottet. Aus Zoonachzuchten kamen elf Antilopen in ein jordanisches Wildreservat, wo die Herde auf 200 anwuchs. Mittlerweile wurden einige Exemplare unter anderem in der Wüste Wadi Rum ausgewildert. Ihre Chancen scheinen gut zu sein: Die Antilope mit dem weißen Fell kann wochenlang ohne Wasser auskommen. Dem Azraq-Kärpfling hat sie damit eindeutig etwas voraus.

Kurz und knapp

GESICHT ZEIGEN

DER NIQAB, der Gesichtsschleier (siehe Seite 11), ist seit 2010 in Syrien an Universitäten verboten, an Schulen unerwünscht: Frauen mit Niqab dürfen nicht mehr studieren; Hunderte verschleierte Lehrerinnen wurden aus der Schule in die Verwaltung versetzt. Der Niqab, so ein Minister, widerspreche akademischen Werten und Traditionen. Kopftuch dagegen sei erlaubt.

KOSTENFAKTOR BRAUT

EIN JORDANIER, der heiraten will, muss Brautgeld berappen. Wie hoch dieses ausfällt, hängt von der Braut ab: So zahlt Mann für eine Jungfrau mit Ausbildung umgerechnet bis zu 3200 Euro an deren Eltern. Für eine Witwe oder Geschiedene sind lediglich bis zu 1000 Euro fällig.

DIE OSTFRIESEN SYRIENS

WER IN HOMS LEBT, braucht Humor – denn die Homser gelten als Syriens dümmste Männer; unzählige Witze kursieren über sie. Beispiel: Wie tötet ein Homser einen Vogel? Er wirft ihn von einer Klippe.

RESTAURANT XXL

MIT DEM GRÖSSTEN RESTAURANT DER WELT kann sich laut Guinnessbuch der Rekorde Syrien rühmen: Das Bawabet Dimashq in der Nähe von Damaskus bietet Platz für 6014 Gäste. 600 der bis zu 1800 Angestellten eilen allein als Kellner durch das Riesenreich mit Nachbildungen berühmter Tempelruinen, in dem das Essen allerdings nicht wirklich rekordverdächtig ist.

SYRIEN UND JORDANIEN **GEO SPECIAL** 75

dossier

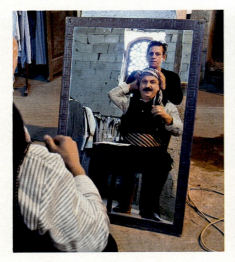

Fasten und Flimmern

Während des Ramadan halten sich Muslime mit Seifenopern bei Laune. Die erfolgreichste: »Bab Al Hara«

RAMADAN BEDEUTET FÜR MUSLIME: fasten, beten und fernsehen. Während des heiligen Monats verfolgt fast jeder zwischen Marrakesch und Bagdad TV-Seifenopern. Es gibt unzählige, doch reden alle über „Bab Al Hara". Die syrische Serie ist die mit Abstand erfolgreichste in der arabischen Welt. Die „Bab Al Hara"-Zutaten: schwülstige Musik, historische Kulissen, große Gefühle und familiäre Dramen.

Die Serie spielt in den 1930er Jahren, während der französischen Besatzung, in der Altstadt von Damaskus. Mehr als 100 Millionen Zuschauer in über 20 Ländern schauen gebannt auf Männer mit Zwirbelbart in Pluderhosen, leiden mit Umm Abdullah, der Zigeunerin, oder mit Abu Hatem, dem Kaffeehausbesitzer mit den sieben Töchtern.

Kamen früher große arabische Filme aus Ägypten, ist mittlerweile Syrien das Hollywood für TV-Serien geworden. Rund 50 werden dort pro Jahr gedreht und weit über die Grenzen verkauft. Auch international bekommt „Bab Al Hara" Anerkennung: 2010 erhielten drei Serienschauspieler von UNO-Generalsekretär Ban Ki-moon einen Preis der Vereinten Nationen für ihre Verdienste um die syrische Schauspielkunst.

Schatz des Orients

Seit 2010 können auch Laien die Sensation unter den syrischen Ausgrabungen bestaunen: den Fund von Qatna

SYRIEN GILT ALS ELDORADO für Archäologen. Der Forscher Peter Pfälzner aus Tübingen und sein Team fanden sogar echtes Gold – nahe Homs in Westsyrien legten sie die Umrisse eines pompösen Königspalastes frei. Vor 3500 Jahren lag hier der Ort Qatna, Zentrum eines Stadtstaats, der zu den mächtigsten im Mittelmeerraum zählte. Im Sommer 2009 stieß Pfälzner unter dem Palast auf eine Sensation: eine unberührte Königsgruft, darin über 100 Skelette, Goldschmuck und Elfenbeinarbeiten. Was Qatna nicht zum Elfenbeinturm macht; seit Oktober 2010 dürfen Besucher den Palast aus der Bronzezeit und seine Schätze besichtigen.

Syrien glänzt so mit einem weiteren Geschichts-Highlight. Und es werden immer mehr. Neben Qatna laufen aktuell noch etwa 120 Grabungen, die meisten im Nordosten des Landes. In Tell Halaf beispielsweise wird eine rund 7000 Jahre alte Siedlung erforscht. Und in Tell Mozan kommt eine der ältesten Königsstädte der Huriter, eines über 4000 Jahre alten Volkes, ans Tageslicht. Weitere Sensationen nicht ausgeschlossen.

Das Land der anderen

Rund die Hälfte der jordanischen Bevölkerung sind Palästinenser und deren Nachfahren

EIN FUSSBALLSPIEL ENDE 2010 in Amman, die jordanischen Mannschaften Wihdat und Faisali spielen gegeneinander. So weit nichts Ungewöhnliches, doch: Die Fans von Faisali sind Jordanier, die von Wihdat Palästinenser. Als Wihdat gewinnt, fliegen Flaschen, dann Steine, am Ende zählt man rund 150 Verletzte.

Die Integration der Palästinenser in Jordanien bietet nach wie vor politischen Sprengstoff. Vor allem infolge der Kriege 1948/49 und 1967 nahm Jordanien Zehntausende Flüchtlinge vom Westufer des Jordans auf. Heute machen Palästinenser rund 50 Prozent der Bevölkerung aus, andere Schätzungen sprechen sogar von 85 Prozent. Dennoch fühlen sich die Zugezogenen und ihre Nachkommen oft ausgegrenzt – als Jordanier zweiter Klasse. Zwar besitzen die meisten mittlerweile einen Pass, sie dominieren die Privatwirtschaft, sind teils wohlhabend, doch im öffentlichen Leben, etwa in der Armee, fühlen sie sich diskriminiert.

Rund 340 000 Menschen wohnen immer noch in den zehn offiziellen Flüchtlingslagern des Landes. Die Krux: Bei einer „zu erfolgreichen" Integration in die jordanische Gesellschaft fürchten viele Palästinenser, das Recht auf eine zukünftige Rückkehr in ihre alte Heimat zu verwirken. Viele Jordanier dagegen kritisieren, dass sie sich als Minderheit im eigenen Land fühlen. Eines immerhin wollen alle: Frieden. *Simon Hufeisen*

Sie thronen selbst über Steinwüsten: Präsident Baschar Al Assad und sein verstorbener Vater und Vorgänger Hafis

Die Allgegenwärtigen

Der Personenkult um Syriens Oberhäupter kennt keine Grenzen. Die Liebe der Syrer zu ihren Führern hingegen schon

MILDE LÄCHELND und in Gold gerahmt, thront das kinnlos wirkende Gesicht über den Falafeln, die der Verkäufer am Bahnhof von Damaskus brät. Die Augen mit einer Sonnenbrille kaschiert, wacht es über den Tuchhändler beim Suk Al Hamidiya. An den Toren der Omaijaden-Moschee verfolgt es die Gläubigen, die in den Gebetssaal strömen – vorbei an Marktständen, in denen das Konterfei des wichtigsten Mannes im Staat für ein paar Lira feilgeboten wird: Baschar Al Assad auf Sonnenblenden für Autoscheiben, Baschar Al Assad auf Tellern und Tassen, Baschar Al Assad als Kühlschrankmagnet. Baschar Al Assad auf Plakaten an den Straßen nach Aleppo, Latakia und Deir az-Zor. „Wir alle lieben dich", ist dort zu lesen. Und „Al Assad für immer und ewig".

Mitte der 1970er Jahre, offenbar auch inspiriert von einem Staatsbesuch in Nordkorea, beauftragte Assad der Ältere ein Heer von Plakatmalern, Steinmetzen und Kupfergießern, Syrien mit seinem Konterfei zu überziehen. Das hagere Gesicht jenes Mannes, der das Land fast 30 Jahre lang regierte, ist bis heute mindestens ebenso häufig zu sehen wie das seines 45-jährigen Sohnes. Aber sind all die Syrer, die sich Abziehbilder ihres Staatschefs aufs Auto kleben, verängstigte Untertanen? Oder doch Indoktrinierte? Weder noch. Sie haben nur einfach begriffen, dass sie ein Präsidenten-Poster über dem Verkaufstresen vor unangenehmen Fragen durch den Geheimdienst schützt. „Außer ein paar Hardcore-Anhängern des Regimes nimmt den Präsidentenkult doch niemand ernst", sagen Intellektuelle, die ihren Namen aus Sicherheitsgründen nicht gedruckt sehen möchten. „Für die meisten ist ein Assad-Bild an der Heckscheibe ein Mittel, sich Probleme vom Hals zu halten." Die strengen syrischen Polizisten etwa lassen eher Gnade walten, wenn von einem falsch geparkten Wagen das Präsidentenantlitz lächelt.

Doch wozu die „Baschar, wir lieben dich"-Bezeugungen, wenn kaum jemand den Präsidenten liebt – und das Regime dies nur zu gut weiß? Politologin Lisa Wedeen von der Universität Chicago kommt zu dem Schluss, dem Herrschenden reiche es, dass die Bürger nur so tun, als verehrten sie ihr Oberhaupt. „Auch wenn diese Politik des Als-ob auf den ersten Blick irrational, sogar dumm erscheint, politisch ist sie sehr effektiv", schreibt Wedeen. Die unausgesprochene Übereinkunft zwischen Präsident und Volk: Die Bürger dürfen denken, was sie wollen – solange sie dann, wenn der Präsident einen Liebesbeweis verlangt, das Richtige tun; auf Versammlungen zum Nationalfeiertag ebenso wie beim Morgenappell in der Schule. Und solange sie sich im Alltag mit entsprechenden Insignien umgeben. Genau darin spiegelt sich die Macht des Präsidenten: Menschen, die nicht gleichgeschaltet sind, nach Belieben tanzen lassen zu können. Gleichzeitig wirkt der syrische Personenkult in Zeiten des Internets seltsam anachronistisch. Denn Baschar Al Assad, der Syrien überhaupt erst ans World Wide Web angeschlossen hat, weiß, dass er nicht mehr allumfassend kontrollieren kann, welches Bild vom eigenen Land und von der Welt die Syrer zu sehen bekommen. Umso erstaunlicher und auch beängstigend, dass das Regime den Kult bis heute aufrechterhalten kann. Doch während der Vater des jetzigen Regenten den Ruf eines Taktierers und politischen Haudegens genoss, ist der Sohn für viele Untertanen seltsam blass geblieben. Dagegen kommt auch die offizielle Propaganda nicht an. „Wer einen Persönlichkeitskult haben will", ätzen Kritiker in Damaskus, „der sollte zumindest eine Persönlichkeit haben."

Anne Wittmer

dossier

Siegreicher Stratege: Nach seinem vernichtenden Schlag gegen die Kreuzritter zieht Saladin 1187 in Jerusalem ein

Leben in fragiler Nachbarschaft

Bis heute sind die Spannungen im Nahen Osten groß - auch eine Folge der vielen Machtwechsel, die Syrien und Jordanien bis in die Neuzeit prägen

GEMEINSAME GESCHICHTE BIS 1918

ALS DAS HEUTIGE SYRIEN im Jahr 64 v. Chr. römisch wird, hat der Landstrich zwischen Mittelmeer und Zweistromland schon viele Herrscher gesehen: Babylonier, Aramäer, Assyrer, Perser, Alexander den Großen, die Seleukiden. Nun bleibt die Provinz „Syria" fast 600 Jahre in einer Hand; Straßen, Kanäle und neue Städte entstehen, 106 verleibt sich Rom auch den Rest des heutigen Jordaniens ein. Im Jahr 381 erhebt der römische Kaiser Theodosius I. das Christentum zur Staatsreligion. Doch keine 300 Jahre später sehen sich die Christen einem neuen, aufstrebenden Glauben gegenüber: dem Islam. Die Lehren des Propheten Mohammed haben sich bereits zu dessen Lebzeiten rasant verbreitet; vier Jahre nach Mohammeds Tod im Jahr 632 stürmen seine Anhänger Damaskus. Bald beherrschen sie ganz Syrien und Jordanien. Die Christen allerdings vergessen den Orient nicht. Bis an die Zähne bewaffnet kehren sie 1099 wieder, entschlossen, Jerusalem und das Heilige Land zurückzuerobern – und sich nebenbei am florierenden Karawanenhandel zu bereichern. In den ersten Jahrzehnten unterwerfen die Kreuzritter die Mittelmeerküste und befestigen sie mit mächtigen Burgen wie dem Krak des Chevaliers im heutigen Syrien oder Kerak in Jordanien. Das Hinterland aber bringen sie nie wieder vollständig unter ihre Kontrolle.

4. JULI 1187

SIE SIND GEWARNT WORDEN. Trotzdem ziehen an diesem heißen Sommertag rund 21 000 Kreuzritter, Reiter und Fußsoldaten nördlich vom See Genezareth gegen ein übermächtiges Heer: 45 000 Araber unter Führung des brillanten Feldherrn Jusuf Ibn Aijub, genannt Saladin. Es geht um nicht weniger als die Vorherrschaft im Königreich Jerusalem. Saladin ist listig: Er lässt Büsche abbrennen, um die Luft für die Christen noch staubiger zu machen, versperrt ihnen den Weg zu Wasserstellen, weicht scheinbar zurück, um dann mit voller Wucht anzugreifen. Die Kreuzritter werden sich von der Schlacht bei Hattin nie mehr erholen. Saladin erobert innerhalb weniger Monate beinahe das gesamte Königreich. Die Unterlegenen lässt er meist unbeschadet abziehen, den Christen gewährt er gar Religionsfreiheit. Seine Milde ist jedoch oft militärische Strategie, auch scheut er sich der Legende nach nicht, besonders hinterhältigen Gegnern eigenhändig den Kopf abzuschlagen. Noch etwa 100 Jahre halten sich die Kreuzritter im Orient, dann übernehmen erst die

GESCHICHTE

Britischer Beduine: Lawrence von Arabien

Mamelucken, später die Osmanen, die die Region mit Unterbrechungen bis 1918 beherrschen.

6. JULI 1917

DIE OSMANISCHEN SOLDATEN in Akaba am Roten Meer trauen ihren Augen nicht: Aus der glutheißen Wüste Nefud donnern 2000 Kamelreiter auf die Stadt zu. Zwar strotzt Akaba vor Waffen, aber die sind alle auf das Meer gerichtet. Akaba, der wichtigste verbliebene Hafen der Osmanen, fällt. Einer der Anführer der Beduinen: der schmächtige Oxford-Archäologe Thomas Edward Lawrence, gesandt von den Briten, um die Wüstenstämme zum Aufstand gegen die Osmanen zu vereinen. Der Plan gelingt: Nach Guerillataktik sprengen Lawrence von Arabien und die Beduinen immer wieder Eisenbahnlinien, um die Versorgung der Türken zu unterbrechen. Das Osmanische Reich, an vielen Fronten geschwächt, unterzeichnet im Oktober 1918 einen Waffenstillstand. Doch die Hoffnung der Araber auf ein großarabisches Reich wird herb enttäuscht: Großbritannien und Frankreich teilen die Region nach dem Ersten Weltkrieg unter sich auf, Jordanien fällt den Briten zu, Syrien den Franzosen. Viele Beduinen fühlen sich von Lawrence ausgenutzt. Der kehrt nach England zurück, wo er 1935 tödlich verunglückt, ohne den Orient wiedergesehen zu haben.

Jordaniens bitterster Verlust: Im Sechstagekrieg erobert Israel auch das Westjordanland

NEUESTE GESCHICHTE JORDANIEN

AM 2. MAI 1953 besteigt ein Jüngling den jordanischen Thron: Hussein ibn Talal, gerade 18 Jahre alt, der dritte König aus dem Geschlecht der Haschemiten. Erst seit sieben Jahren ist das Haschemitische Königreich Jordanien unabhängig von den Briten, die Probleme sind gewaltig: Der israelische Unabhängigkeitskrieg bis 1949 hat eine halbe Million palästinensischer Flüchtlinge ins Land gespült, zugleich wendet sich Ägypten der Sowjetunion zu und trägt so den Kalten Krieg in den Nahen Osten. Husseins eher gemäßigter Umgang mit dem Westen, insbesondere mit Israel, verschafft ihm radikale Feinde. Der König übersteht derart viele Anschläge, dass ihn die Presse als „talentiertesten Überlebenskünstler der arabischen Welt" betitelt. Bei seinen Untertanen allerdings ist der volksnahe Herrscher, der manchmal am Straßenrand hält, um irgendwo einen Tee zu trinken, ungemein populär. Auch mit seinem Privatleben macht er Schlagzeilen: Hussein ist viermal verheiratet, zuletzt mit einer Amerikanerin, und hat elf Kinder.

6. JUNI 1967

LICHTKEGEL huschen über den arabischen Ostteil Jerusalems, Gefechtslärm dringt aus allen Straßen: Israelische Soldaten vernichten die letzten jordanischen Stellungen in der Heiligen Stadt. Am 10. Juni ist der blitzartig geführte Sechstagekrieg vorüber. Nach arabischen Provokationen hat Israel seinen Kriegsgegnern Ägypten, Jordanien und Syrien insgesamt fast 60 000 Quadratkilometer Land abgenommen, darunter das Westjordanland, den Gazastreifen und die Golanhöhen. Der Verlust des Westjordanlands schmerzt Jordanien – 30 Prozent besten Ackerlands, 85 Prozent des Obst- und Gemüseanbaugebiets sind dahin. Außerdem muss Jordanien mit einer neuen Welle palästinensischer Flüchtlinge aus den besetzten Gebieten fertigwerden. Trotzdem setzt König Hussein auf Versöhnung, die 1994 im Friedensschluss mit Israel gipfelt.

7. FEBRUAR 1999

DER KÖNIG IST TOT, ES LEBE DER KÖNIG. Nach fast fünf Jahrzehnten auf dem Thron stirbt Hussein von Jordanien. Nur wenige Wochen zuvor hat er seinen

dossier GESCHICHTE

Erfolg für Israel: der Jom-Kippur-Krieg

Erst Augenarzt, nun Präsident, der alles sieht: Baschar Al Assad, seit 2000 Syriens Herrscher

ältesten Sohn, Abdullah, zum Nachfolger bestimmt. Für viele eine Überraschung – auch für Abdullah selbst, denn seit 1965 war sein Onkel Hassan Kronprinz. Der damals 37-jährige Abdullah, Sohn einer Engländerin, wuchs in Großbritannien und den USA auf, sein Arabisch erscheint verbesserungswürdig, die Popularität seines Vaters schützt und belastet ihn zugleich. Dennoch: Die langsame Liberalisierung der Wirtschaft, die Verbesserung von Bildung und Gesundheitswesen, vor allem aber sein Festhalten am Friedensprozess im Nahen Osten machen ihn bald zu einem wichtigen Verbündeten der westlichen Welt. An der konstitutionellen Monarchie hält der König fest: Er besitzt volle Exekutivgewalt, ernennt Minister und Premier, ist Oberbefehlshaber der Truppen, kann gegen Entscheidungen des Parlaments sein Veto einlegen – und darf die Versammlung auch auflösen. Das tut er im November 2009, nachdem den Parlamentariern wiederholt Unfähigkeit und Korruption vorgeworfen wurde. Bis zu den Neuwahlen lässt er ein Jahr vergehen. Das Parlament, das im Dezember 2010 seine Arbeit aufnimmt, stärkt den König: Regierungsnahe Kandidaten haben eine klare Mehrheit errungen.

SYRIEN

17. APRIL 1946: Ganz Syrien jubelt. Endlich verlassen die verhassten Franzosen das Land, die Arabische Republik Syrien wird ausgerufen. Ein Triumph mit Abstrichen: Der Libanon, aus syrischer Sicht ein abgespaltener Landesteil, bleibt eigenständig, der Traum vom gesamtarabischen Staat scheint ausgeträumt zu sein. Wenn auch nicht ganz: Zwischen 1958 und 1961 schließen sich Syrien und Ägypten zur „Vereinigten Arabischen Republik" zusammen. Aber die Dominanz der Ägypter und wirtschaftliche Probleme sprengen das fragile Bündnis. Unterstützt vom Militär, kommt nun die sozialistische Baath-Partei an die Macht, ohne dass sich das innenpolitische Klima jedoch beruhigt.

2. MÄRZ 1971

Nach jahrelangen Machtkämpfen innerhalb der Baath-Partei und mehreren Putschversuchen greift Hafis Al Assad nach der Präsidentenmacht. Der teils in der Sowjetunion ausgebildete Pilot befriedet das Land im Inneren und öffnet es behutsam gen Westen, wirtschaftlich wie politisch. Was den „Löwen von Damaskus" nicht davon abhält, Regimekritiker in Gefängnissen verschwinden zu lassen und einen allgegenwärtigen Geheimdienst aufzubauen. Auch setzt Assad stets auf Konfrontation mit Israel. Im Jom-Kippur-Krieg von 1973 erobert Syrien kurzfristig Teile der 1967 verlorenen Golanhöhen zurück, wird aber vollständig zurückgedrängt. Das Verhältnis zum Libanon bleibt spannungsgeladen: Während des libanesischen Bürgerkrieges 1976 stationiert Assad syrische Streitkräfte im Libanon, vorgeblich als Friedenstruppe, de facto jedoch als Besatzer. Erst 2005 ziehen die Soldaten wieder ab.

17. JULI 2000

Dass Baschar Al Assad am 17. Juli 2000 seinem kurz zuvor verstorbenen Vater als syrischer Präsident nachfolgt, ist bemerkenswert – denn Syrien ist eine Republik. Eigens für Baschar wird die Verfassung geändert: Das Mindestalter für den Präsidenten wird von 40 auf 34 Jahre gesenkt. Zunächst scheint es, dass Baschar einen „Damaszener Frühling" einläutet – Korruptionsbekämpfung, Liberalisierung, Internet, Mobiltelefone. Doch Zensur und die Verhaftung von Regimekritikern gehen weiter. 2003 erklären die USA unter George W. Bush Syrien gar zum „Schurkenstaat". Nicht aufgeklärt ist bis heute der Mord am ehemaligen libanesischen Ministerpräsidenten Rafik Al Hariri 2005; viele Beobachter schreiben das Attentat dem syrischen Geheimdienst zu. Ein UN-Tribunal soll seit 2009 zur Aufklärung des Hariri-Mordes beitragen, allein: Bis Redaktionsschluss war nicht einmal bekannt, gegen wen es Anklage erhebt. *Sebastian Kretz*

Jetzt zum Sonderpreis: GEO-Wandkalender 2011!

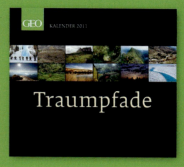

Zum Beispiel GEO SAISON-Kalender:
Deutschland und Schottland
Format: 50 x 45 cm

statt ~~€ 29,–~~
nur € 20,–

Zum Beispiel GEO Special-Kalender:
Meerestupfer
Format: 50 x 45 cm

statt ~~€ 29,–~~
nur € 20,–

Zum Beispiel GEO-Klassiker:
Traumpfade
Format: 60 x 55 cm

statt ~~€ 49,–~~
nur € 34,–

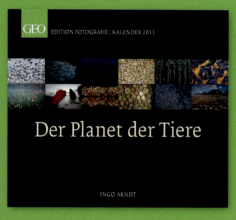

Zum Beispiel GEO-Editionskalender:
Der Planet der Tiere
Format: 70 x 60 cm

statt ~~€ 69,–~~
nur € 48,–

Zum Beispiel GEO-Panoramakalender:
Toskana
Format: 120 x 50 cm

statt ~~€ 109,–~~
nur € 69,–

Alle Wandkalender über 30 % günstiger:
www.geo.de/kalender

GEO Shop
Das Beste von GEO

Jetzt gleich bestellen

Per Telefon:
01805/06 20 00*
Bei Bestellung bitte Nummer angeben: 700294

Online:
www.geo.de/kalender

Per E-Mail:
service@guj.com

*14 Cent/Min. aus dem dt. Festnetz, max. 42 Cent/Min. aus dem dt. Mobilfunknetz.

Preise inkl. MwSt. zzgl. Versandkosten von € 3,32 (D)/€ 3,42 (A)/Fr. 6.50 (CH). Ab einem Bestellwert von € 100,– fallen keine Versandkosten an! 14 Tage Rückgaberecht bei Nichtgefallen.

Eine für alle

دمشق

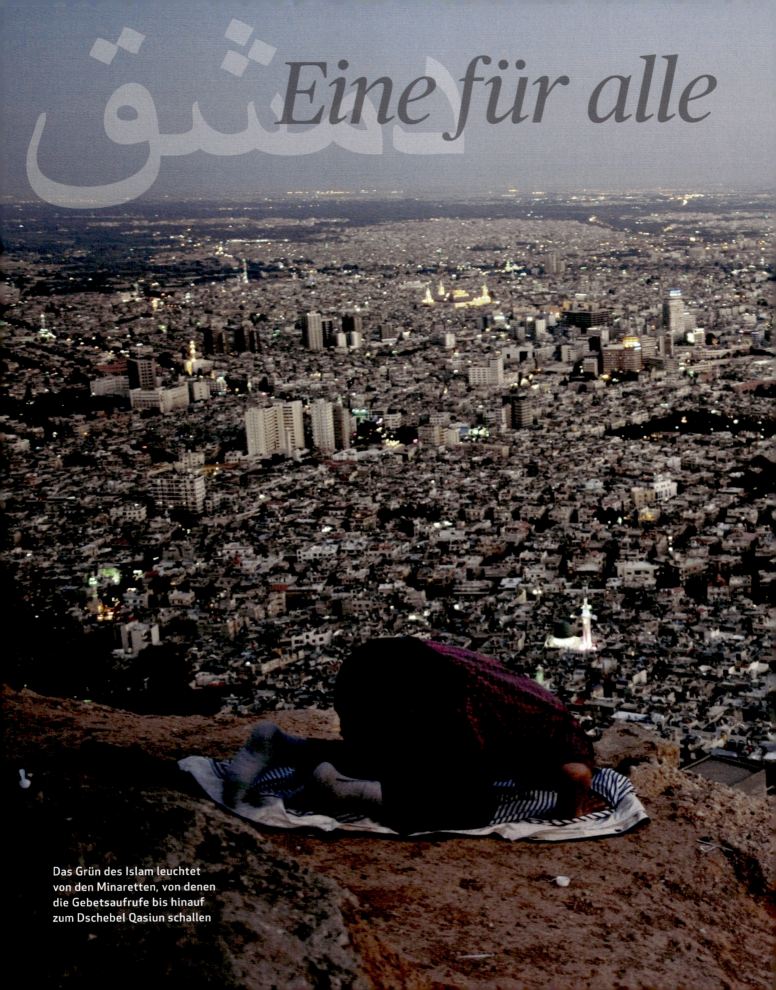

Das Grün des Islam leuchtet von den Minaretten, von denen die Gebetsaufrufe bis hinauf zum Dschebel Qasiun schallen

Während andernorts Glaubenskriege schwelen, ist Damaskus ein Sammelbecken der Religionen. Millionen Menschen teilen sich hier friedlich ihre heiligen Orte, Hunderte Propheten und den Alltag. Wenn auch nicht ohne Druck von oben

TEXT ¬ **JÖRG-UWE ALBIG**

الحياة

Auffallend geschäftig: ein Teeverkäufer neben der Zitadelle von Damaskus. Passanten nehmen einen Schluck Schwarztee mit Zucker, den »Coffee to go« Syriens. Im modernen Teil der Stadt arbeiten kaum noch Teemänner, dort bevorzugt man Instantkaffee. **Wunderbar verwirrend:** Selbst wer den Stadtplan richtig herum hält, wird sich in Damaskus verirren, heißt es. In der Altstadt, UNESCO-Weltkulturerbe, die von der »Geraden Straße« geteilt wird, überwiegen verwinkelte Gassen. Und selbst Oldtimer wirken zwischen den uralten Mauern der Häuser wie neu

Zeugen der Zeit: Vor dem Westtor der Omaijaden-Moschee erheben sich die 2000 Jahre alten Reste des römischen Jupiter-Tempels. Unter dessen Rundbögen liegen die äußeren Stände vom Suk Al Hamidiya, einem der charmantesten Basare der Stadt

Der Tatort liegt, wie es sich für einen Tatort gehört: im Versteck. Unmöglich, durch Zufall auf ihn zu stoßen. Man muss ein Taxi in den Stadtteil Salihiya nehmen, dort in einen stämmigen Minibus *made in China* umsteigen und per Allradantrieb die steilen, ungepflasterten Gassen des Viertels erklimmen, in dem Kurden und Palästinenser ihre windigen Behausungen bauen und in dem Kamelköpfe vor den Ladeneingängen der Fleischer baumeln. Schließlich geht es nur noch zu Fuß den Berg hinauf, der Dschebel Qasiun heißt. Der Berg ist von blassem Gelb, das nur hier und da ein Kaktus oder ein Feigenbaum unterbricht. Tief unten in der Ebene dehnt sich, form- und uferlos, wachsend und schwellend, Damaskus.

In der Mitte der Stadt ragt eine graubraune Insel – die Altstadt mit ihrer Stadtmauer, ihren krummen Gassen, ihren Suks, ihrer Ahnung von Orient. Um ihre Mauern jedoch wogt ein sandfarbenes Meer aus Betonblöcken, über die Ufer gedrängt von mehr als vier Millionen Menschen, durchstochen von vereinzelten Minaretten und zerrissen von achtspurigen Ausfallstraßen. Allmählich flutet es auch den Berg hinauf.

Knapp unterhalb des Gipfels steht eine kleine, namenlose Moschee. Ein Scheich in karamellfarbener Dschellaba und welligem Kinnbart nickt; er wiegt den Kopf und teilt muffige Überwürfe an die Damen aus, damit sie ihr Haar bedecken. Teppiche mit dem Bild der Kaaba schmücken den Vorraum, dazu Fotos jenes wundersamen Lammsteaks aus dem Jahr 1966, dessen Maserung die Namen Allahs und Mohammeds zeigen soll. Hinter einem Treppenabsatz öffnet sich eine Höhle. Die Luft riecht, als sei sie Jahrtausende alt. „Hier", sagt der Scheich, „hat Kain seinen Bruder Abel erschlagen."

Die Höhle ist fleckig weiß gekalkt; weiße und grüne Neonröhren tauchen sie in kränkliches Licht. In der Ecke steht ein Staubsauger. Im hinteren Teil der Höhle tropft Wasser von der Decke: „Das sind die Tränen, mit denen der Berg noch immer den Mord beweint." Daneben klafft ein Loch im Fels: „Das ist der Mund, mit dem der Berg den Mörder verschlingen wollte." Dann wäre die Höhlendecke der Oberkiefer? „Richtig. Und dieser Abdruck stammt von der Hand des Erzengels Gabriel. So hat er verhindert, dass der Mund sich schließt."

Tausend Jahre sei die Moschee alt, sagt der Scheich. Schon unter der Herrschaft der Aramäer, die bis 733 vor Christus die Stadt regierten, sei hier ein Tempel gewesen, später ein christliches Kloster. „Abraham, Moses, Jesus, Hiob und der heilige Georg haben schon hier gebetet", sagt der Scheich. Zwei *mihrabs*, Gebetsnischen, markieren die Kniefälle: Vor Georgs Nische, sagt der Scheich, beten bevorzugt Christen, vor Abrahams Nische auch Muslime. Jeder dürfe den Ort auf seine Weise begreifen, sagt der Scheich. Schiiten trauern hier um ihren Märtyrer Hussein, Drusen zünden Kerzen an, Popen bringen Weihrauch aus Russland, und Wundergläubige knüpfen Kleiderfetzen an das Holzgitter. Pilger aus der Kaukasusrepublik Dagestan bitten um zwei Früchte vom Olivenbaum im Innenhof, die einem mitgereisten Paar endlich Kindersegen bescheren sollen. „Sogar Buddhisten kommen."

Auf diesem Berg soll auch Abraham, der Vater aller drei monotheistischen Religionen, geboren sein – und hier die Erkenntnis des einzigen Gottes erfahren haben. Und alle diese Religionen kennen die Geschichte von Kain und Abel: das Drama der beiden Brüder, deren ungleicher Gottesdienst („Der Herr schaute auf Abel und sein Opfer, aber auf Kain und sein Opfer schaute er nicht") den ersten Mord der Geschichte auslöste.

Und vielleicht ist es gerade die Erinnerung an diesen Urzank um Gottgefälligkeit, die das Begehren befeuerte, den Tatort fortan zum Ort der Wiedergutmachung zu stilisieren. Vielleicht ist es auch die Mitwisserschaft, die jedes Verbrechen erzeugt. Jedenfalls leben, während in den Nachbarstaaten religiöse Konflikte zum Alltag gehören, in Damaskus die Menschen verschiedenen Glaubens so rücksichtsvoll miteinander, als teilten sie ein schlimmes Geheimnis.

Ganz Syrien ist ein Mosaik der Religionen, in dem die sunnitischen Muslime mit rund 75 Prozent der Bevölkerung den Grundton bilden, islamische Strömungen wie Drusen, Jesiden und Schiiten, darunter Ismailiten und Alawiten, mit zusammen 15 Prozent für zusätzliche Schattierungen sorgen und obendrein zehn Prozent Christen, zersplittert in mehr als ein Dutzend Konfessionen, weitere Farbtupfer setzen. Die Verfassung von 1973 hat den Islam als Staatsreligion abgesetzt und Glaubensfreiheit garantiert, auch wenn zumindest der Präsident nach wie vor dem Islam angehören muss. Doch nirgends rücken sich die Gläubigen so eng auf den Leib wie in Damaskus – um einander dann diskret den Vortritt zu lassen.

Schon in der Altstadt verschwimmen die Fronten. Dieselbe Stadtmauer, der gleiche Lärm, die gleichen Abgase verbinden deren Bewohner, verknüpfen das Gassengewirr. Auf dessen Hauptstrang quälen sich Tag und Nacht Autokarawanen im Schritttempo voran, immer im Kreis, pflügen unter Orient-Pop-Fanfaren Passanten beiseite. Schieben Muslime wie Christen in die Auslagen der Suks, in die Stände mit Konfekt und Kleidung, mit Blechtöpfen und Gewürzen. Pressen alle an dieselben alten Mauern, in die offenen Ladentüren, in die Innenhöfe mit ihren Cafés und Restaurants.

Dort herrscht der Frieden, der Ziel aller Religionen ist. Dort sprudeln Springbrunnen, spenden Arkaden Schatten, nuckeln die Gäste an Wasserpfeifen, die Wange in die Rechte geschmiegt. Schlafen, den Kopf auf dem Tisch, den Schlaf der Seligen. Oder sitzen einander stumm gegenüber – weil sie wissen, dass es Worte sind, aus denen Streit entspringt.

Es gibt keine Demarkationslinie zwischen den islamischen Gegenden im Westen mit ihren Moscheen, den Frauen in Kopftuch und langem Mantel, den allgegenwärtigen Postern mit dem Turban des Hisbollah-Führers Hassan Nasrallah einerseits – und dem Christenviertel im Osten andererseits, bestückt mit Kirchen und rosengeschmückten Heilandschreinen, beklebt mit Todesanzeigen voller Kreuze und armenischer Schriftzeichen. Hier steht eine Kapelle, die dem frommen Ananias gewidmet ist, der den von der Gottesschau geblendeten Saulus heilte und zum Paulus taufte. Eine andere Kapelle markiert den Ort, wo der Bekehrte in einem Korb über die Stadtmauer →

الديانة

Zentrum der Religionen: Die 1300 Jahre alte Omaijaden-Moschee im Herzen der Hauptstadt ist allen Konfessionen Syriens heilig. Christen, Sunniten und Schiiten beten hier; manche suchen auch nur Ruhe vor der Hektik des Stadtlebens. **Nippes für Pilger:** In den Läden rund um die Moschee hängen goldgerahmte Gemälde muslimischer Geistlicher zum Verkauf. Direkt daneben die weltliche Dreifaltigkeit: der iranische Präsident Mahmud Ahmadinedschad, Syriens allgegenwärtiger Präsident Baschar Al Assad und der Hisbollah-Führer Hassan Nasrallah

Kostbarer Kuppelsaal: In der Sayyida-Zainab-Moschee treffen sich Schiiten zum Beten, Singen, Klagen, Meditieren – und Spielen. Das Gotteshaus ist nach der Enkeltochter des Propheten benannt

العائلة

Entspannen im Verborgenen: Die Fassaden der Altstadthäuser verraten wenig über die Pracht ihrer Innenhöfe – oft üppig bepflanzte Oasen mit Brunnen, Mosaiken, Sitznischen. Für Damaszener sind sie im Sommer Wohnzimmer und Garten zugleich. Refugien der Gemeinschaft. **Feiern im Familienkreis:** Zur Erstkommunion hat eine christlich-orthodoxe Familie den Tisch eingedeckt, das Kommunionkind filmt die noch unversehrte Bibel-Torte und den Keksteller. Knapp zehn Prozent der Syrer sind Christen; sie machen die größte nicht-islamische Minderheit des Landes aus

geschleust worden sein soll – um fortan den Siegeszug des Christentums voranzutreiben.

Während aber der Eiferer Paulus die Welt missionierte, wuchs in Damaskus ein gelassener Pluralismus, wie er vielleicht notgedrungen in einer Stadt entsteht, die im Laufe der Geschichte 700 Propheten beherbergt haben soll. Den Propheten Elias wollen manche Gläubige sogar noch lange nach seinem Tod wiederholt beim Freitagsgebet in der Omaijaden-Moschee beobachtet haben.

Und wenn es ein Denkmal für die viel beschworene Harmonie gibt, dann ist es diese Moschee, eine der ältesten der Welt. Ihre Mauern erinnern an eine Kreuzritterburg, ihre Buntglasfenster an gotische Dome, ihre Säulenreihen an Kirchenschiffe. Die korinthischen Kapitelle stammen aus dem römischen Tempel, und auf den Mauersteinen prangen noch bisweilen die griechischen Schriftzeichen der Johannesbasilika, deren Trümmer für den Bau der Moschee verwendet wurden. Auf ihrer Grundfläche von 15 700 Quadratmetern – doppelt so groß wie die des Kölner Doms – ist Platz für tausend Gedanken.

HIER SCHLÄGT DAS HERZ einer Kapitale, die als die älteste durchgehend bewohnte Stadt der Welt gilt. Und auch wenn das Gebetshaus nach Erdbeben und Bränden immer wieder renoviert wurde, durchdringen sich hier die historischen Schichten, bis eine neue Gleichzeitigkeit entsteht: eine Art Wiedervereinigung durch die Zeiten hindurch.

In der Omaijaden-Moschee versammeln sich die Geister lebender und verloschener Kulturen auf engstem Raum, und sie scheinen sich blendend zu vertragen. Vor der Eroberung durch die Römer stand hier ein Tempel für den aramäischen Gott Hadad, anschließend ein Heiligtum Jupiters. Ende des 4. Jahrhunderts, die Damaszener waren mehrheitlich zum Christentum konvertiert, genügten geringfügige Änderungen, um den Tempel in eine Kirche zu verwandeln. Nach dem Sieg des Islam im Jahr 636 teilten sich Christen und Muslime für zwei Generationen das Gebäude – im Westteil wurde Jesus verehrt, im Ostteil Allah. Die Christen blieben geachtet, übernahmen Steuerwesen und Lehre, und auch die Juden genossen Freiheiten, die sie in Byzanz nicht gekannt hatten.

Erst zu Beginn des 8. Jahrhunderts, als die Zahl der Christen abnahm und die der Muslime stieg, ließ Kalif Al Walid die Kirche abreißen und an ihrer Stelle eine Moschee bauen. Es sollte die größte werden, die es je gab. Und um dem Lob Allahs angemessene Reichweite zu verleihen, wandelte er die Ecktürme um in die wohl ersten Minarette der islamischen Geschichte. Aber auch dort blieb Platz für Jesus: Der werde nämlich, so eine islamische Überlieferung, am Jüngsten Tag in „zwei leicht mit Safran gefärbten Kleidungsstücken" vom Ostminarett herabsteigen: „Seine Hände werden auf den Flügeln zweier Engel ruhen. Wenn er seinen Kopf senkt, werden Schweißtropfen davon herunterfallen, und wenn er ihn hebt, werden sich davon die Tropfen wie Perlen zerstreuen. Jeder Ungläubige, der ihn riechen wird, wird sterben, und sein Atem wird so weit reichen, wie er blicken kann."

Ein Hauch von Laissez-faire weht durch dieses Heiligtum. Auf dem Marmor des Innenhofs, flankiert von mosaikgeschmückten Kolonnaden, turteln Pärchen im Schatten der Pavillons, toben sich Kinder bei Ringkämpfen und Wettläufen aus, umzingeln kreischend die Burka-verhüllten Pilgerinnen aus dem Iran. Im großen Saal sind selbst Männer und Frauen außerhalb des Freitagsgebets kaum mehr als symbolisch getrennt: Die Kette quer durch den Raum markiert eine Grenze, auf deren Einhaltung niemand besteht. Und während im Nachbarstaat Irak Sunniten und Schiiten einander die Köpfe einschlagen, stehen hier alle gemeinsam in langen Reihen zum Gebet vor der Mekka zugewandten Südwand. Mönche aus den Wüstenklöstern mischen sich mit sunnitischen Touristen aus dem Jemen, eine Gruppe orthodoxer Priester umkurvt vorsichtig die knienden Beter auf dem Teppichmeer des 136 mal 37 Meter großen Betsaals, der rund 3000 Besucher fasst.

Am Schrein mit dem Haupt Johannes des Täufers, unter dem Namen Jahya auch von den Muslimen als Prophet verehrt, spähen drusische Beter in Silbergrau und die katholischen „Schwestern der Barmherzigkeit" einträchtig durch das Gitter. In einer Kammer am Ostende des Moscheehofs beweinen schiitische Pilger den abgeschlagenen und in grünes Tuch gewickelten Kopf ihres Märtyrers Hussein. Sie lesen Trauergebete, schreien und weinen, pressen Mund und Leib an die Gitter des Schreins. Sie reiben Tücher und geknüllte Plastiktüten an die Scheiben, um den Segen des Heiligen aufzunehmen – und verschmelzen anschließend wieder mit der sunnitischen Leitkultur.

MOHAMED AL JEIROUDI, der Manager der Omaijaden-Moschee, trägt ein gestreiftes Polohemd im Grünweiß des Propheten. Er erzählt von dem Besuch Johannes Pauls II. im Jahr 2001, dem ersten eines Papstes in einem islamischen Gotteshaus, von seiner engen Freundschaft mit christlichen Patriarchen. Von christlichen Meditationen zum Tag des heiligen Paulus in der Moschee und von gemeinsamen christlich-muslimischen Gebeten, organisiert vom Ministerium für islamische Stiftungen. Selbst die Juden seien von dieser Toleranz nicht ausgeschlossen: „Wir respektieren ihre Propheten vielleicht mehr, als sie selbst es tun", sagt er dann. „Wir zeigen ihnen die Wirklichkeit der Religion Moses."

Eine kühne Behauptung. Doch es ist nicht leicht, in einem Land, das sich offiziell im Kriegszustand mit Israel befindet, über Juden zu sprechen. Nach der Gründung Israels im Jahr 1948 hatte der Staat die damals noch 30 000 syrischen Juden nach Jahrhunderten friedlicher Koexistenz mit Repressalien, Reisebeschränkungen und Berufsverboten bestraft. Erst 1992 erlaubte Präsident Hafis Al Assad ihnen die Ausreise – in alle Länder außer Israel. So zählt etwa heute die syrisch-jüdische Gemeinde in Brooklyn 40 000 Seelen, doch in Damaskus blieben nur wenige Dutzend.

Jede Woche versammelt sich eine Handvoll von ihnen zum Gottesdienst in der letzten offenen Synagoge der Stadt. 1998 verließ der letzte Rabbi Damaskus. Einmal im Jahr fliegt ein jüdischer Fleischer aus der Türkei zum Schächten →

ein. Das koschere Fleisch wird dann tiefgefroren.

Das einstige Judenviertel wird mittlerweile als „Artists' Quarter" gerühmt: 210 verlassene Häuser sollen hier zu Tempeln für Gastronomie und Kultur veredelt werden. Einige bergen schon Bildhauer-Ateliers und Boutique-Hotels wie das Talisman, in dem Angelina Jolie und Brad Pitt absteigen und in dessen historischem Innenhof längst ein Swimmingpool erblaut. Doch wer sich etwa am renovierten Beit-Farhi-Hotel jenseits des Touristischen für die jüdische Geschichte des Palasts interessiert, den schreckt eine Troika Geheimpolizisten von weiteren Nachfragen ab.

Ohnehin sind die Religionen im säkularen Staat Syrien nichts, über das man gern spricht. Dass der Präsident und ein großer Teil der Elite der Minderheit der Alawiten angehört – eine Spätfolge der Privilegien, die ihnen die französischen Kolonialherren verliehen hatten –, weiß jeder. Doch selbst jene strengen Muslime, denen die Alawiten mit ihrem Glauben an die Wiedergeburt als Ketzer gelten, meiden das Thema. Auch im Alltag ist die Gretchenfrage tabu. Nur Kleidung, Name oder Heimatort geben Hinweise auf das Bekenntnis.

Denn Bekenntnisse sind Abgrenzungen – Gift für einen ängstlichen Staat, der auf nationale Einheit setzt. Und der Glaube ist gerade im weltlichen Syrien auch eine Frage der Staatsräson: Die Harmonie der Religionen ist ein Pfand für die Stabilität der Herrschaft des Diktators Baschar Al Assad, dessen harte Hand im Gegenzug den Religionsfrieden vor der Bedrohung durch islamistische Eiferer schützt. Und so fleht nicht nur der Imam beim Freitagsgebet in der Omaijaden-Moschee Allah für das Wohl des Präsidenten an, auch die christliche Ananias-Kapelle verkauft neben Baseballkappen mit dem Aufdruck „I love St. Paul" solche mit den Worten „I love Bashar".

Sogar der stadtbekannte Priester Elias Zahlawi, dessen syrisch-katholische Kirche nach den Griechisch-Orthodoxen die siebtstärkste christliche Glaubensgemeinschaft in Syrien ist, holte sich 2006 lieber eine Rüge vom Vatikan ab, als auf das Gebet für den Sieg der mit Syrien verbündeten Hisbollah im Libanon zu verzichten. Und beim Konzert des christlichen „Chors der Freude", den Zahlawi vor 33 Jahren gründete, fehlt nicht das Ständchen an den Präsidenten: „Baschar Al Assad", tremoliert der Solist, „du bist der Beschützer unserer Heimat."

Pater Elias Zahlawi ist eine Autorität in Damaskus, eine der wichtigsten religiösen Stimmen des Landes. Sein Chor singt Weihnachtskonzerte im staatlichen Fernsehen, reist durchs Land, in den Libanon, nach Europa, in die USA. Christliche wie muslimische Sponsoren unterstützen seine Arbeit, finanzieren seine Tourneen; Syriens First Lady Asma Al Assad feierte den Chor vor dem Parlament.

An diesem Abend ist der große Saal im Nationaltheater am Omaijaden-Platz ausverkauft. Die Leinwand im Hintergrund zeigt Bilder von Kreuz und Halbmond auf den Kuppeln von Damaszener Kirchen und Moscheen. Tänzer in Sufi-Tracht wirbeln zu gesungenen Koranversen die weißen Blüten ihrer Röcke durch die Luft. Kinder wiegen sich auf der Bühne; ein Junge jauchzt: „Das Land, in dem wir aufgewachsen sind, liebt die Freiheit." Schließlich hält Pater Elias eine Rede: „Wir alle, Christen wie Muslime, blicken zum selben Himmel auf."

Es ist dieser Mix aus Kirchentags-Jauchzen und klagenden orientalischen Melodiebögen, der den Chor der Freude weltweit berühmt gemacht hat: 500 Kinder und Erwachsene verschiedener Konfessionen, begleitet von einem vorwiegend muslimischen Orchester, singen „nicht einfach Kirchenlieder", wie Zahlawi betont, sondern echte „arabische Musik". „Lieder, mit denen sich Christen und Muslime wohlfühlen können."

Zahlawis Verschmelzung der Kulturen stieß nicht nur auf Sympathie. Als er dem Chor Lieder eines berühmten arabischen Sängers aufgab, spürte er zunächst „Ablehnung in ihren Herzen". Ein Aufruf an muslimische Eltern, ihm auch ihre Kinder zum Singen zu schicken, verhallte ohne Echo. Ein gemeinsames Konzert mit einem Chor der Omaijaden-Moschee löste wütende Reaktionen auf beiden Seiten aus. Und nach einem Auftritt in der Kirche fassten Geistliche und Laien ihr Unbehagen in Worte: „Pater", murrten sie, „das sind muslimische Melodien."

„Nein", antwortete Zahlawi, „das sind orientalische Melodien. Und eines Tages werdet ihr sie mögen."

Ein frommer Wunsch. Denn trotz aller öffentlichen Bekenntnisse zur Toleranz – im Alltag zeigt die Damaszener Dreieinigkeit zusehends Risse. Zwar beten Christen und Muslime gemeinsam in der Ananias-Kapelle im Bab-Tuma-Viertel, aber ein paar Häuser weiter gibt es christliche Zimmerwirtinnen, die ihren Mietern Besuch von Muslimen verbieten. Zwar flehen am anderen Ufer des verdorrten Barada-Flusses, im Haus der weichäugigen, wundertätigen Christin Myrna, deren Ruhm sich aus Marienerscheinungen speist, auch Muslime um

Friedlich vereint: Während ältere Herren in einem traditionellen Café genüsslich an der Nargile, der Wasserpfeife, ziehen, hat nebenan westlicher Kommerz Einzug gehalten. **Friedlich getrennt:** Die nur anderthalb Quadratkilometer große Altstadt beherbergt rund 50 000 Menschen: im Osten Christen, im Westen Sunniten, dazwischen Schiiten. Die Übergänge sind fließend, Kirchtürme stehen neben Minaretten

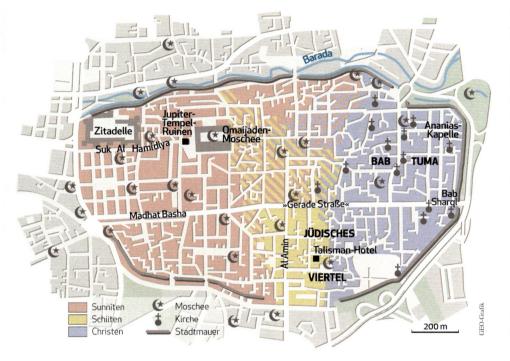

Heilung. Aber zugleich gehen die Werbegesänge der Limonadenverkäufer im Suk, wie ein christlicher Dichter erzählt, bisweilen spontan in Fluchlieder gegen die Schweinefleischesser über. Und während Präsident und Mufti ausgewanderte Juden zur Rückkehr aufrufen, lässt die Stadtverwaltung eine teppichgroße Israel-Flagge aus Blech quer über die Al-Qeimaneh-Straße legen: als Fußabtreter.

„Vor der Gründung Israels", sagt Zahlawi, „hatten wir keine Probleme. Dann kamen der Libanonkrieg, der erste und zweite Golfkrieg, die millionenschwere Waffenhilfe aus dem Westen. Jetzt setzen die Muslime das Christentum mit dem Westen gleich. Und die Christen im eigenen Land müssen es büßen."

Vielleicht muss man einen Schritt beiseitetreten, um die Widersprüche zu entwirren. Vielleicht muss man die verqueren Eindrücke auslagern, hinaus aus dem Damaszener Smog, dorthin, wo die Luft rein ist. Im Kloster Deir Mar Musa, eine gute Autostunde in der Wüste nordöstlich von Damaskus, hat sich der gute Wille ein Haus gebaut.

Der Aufstieg zum Kloster führt über 363 schweißtreibende Stufen. Schon auf halber Strecke hallt das mächtige Dröhnen einer Männerstimme talwärts: arabische Kommandos, gewaltig und friedfertig zugleich. Die Stimme vom Berg gehört Pater Paolo.

Vor fast 30 Jahren hat der italienische Jesuit Paolo Dall'Oglio das verfallene Kloster aus dem 6. Jahrhundert entdeckt, zu einer Einsiedelei für ein Dutzend Mitstreiter ausgebaut und fortan dem „Aufbau der Harmonie zwischen Islam und Christentum" gewidmet. Die Kirche ist mit Teppichen gepolstert wie eine Moschee, und über dem Altar und den fast 1000-jährigen Fresken mit den Bildern der Kirchenväter prangt in arabischer Schrift die Basmala – jene Formel, die auch die Koransuren einleitet: „Im Namen Gottes, des Barmherzigen, des Erbarmers." Ein islamisches Wort, im 11. Jahrhundert von arabischen Christen in Stein gehauen, zum Ruhm ihres dreieinigen Gottes. „Hier hat immer eine gemeinsame islamisch-jüdisch-christliche Zivilisation gelebt", sagt Vater Paolo.

Doch das neue Misstrauen, von den Spannungen in der Region erzeugt, bekommt auch er zu spüren: Das jährliche Dialogtreffen in Deir Mar Musa, bei dem seit Jahren christliche und islamische Autoritäten Themen wie die „Akzeptanz des Anderen" diskutieren, konnte 2010 erstmals nicht stattfinden. Dennoch macht Pater Paolo weiter, empfängt unverdrossen Generäle wie orthodoxe Mönche, Bischöfe wie islamische Extremisten. In seinem Gästebuch stehen Anrufungen Allahs neben Gebeten an den Christengott. Auf der Terrasse schwärmen Musliminnen im Hijab von den Fresken der Kirche, von den Gebeten: „Es kam mir vertraut vor", sagt eine von ihnen. „Es ist eine andere Religion, aber nichts Fremdes."

Nach dem Ave-Maria schöpfen Freiwillige aus großen Töpfen Hirse, Kichererbsen, Möhrengemüse und Joghurt auf die Teller; zum Nachtisch gibt es Käse von klostereigenen Ziegen. Wolken quellen über die Hügelkette im Osten; hinter dem Berg geht die Sonne unter. Irgendwo dahinter liegt Damaskus. Und die Hoffnung, dass der Geist dieses Wüstenklosters irgendwann auch wieder in Richtung Hauptstadt weht.

Denn trotz allem ist für Pater Paolo dieses so großzügige wie enge, so gelassene wie verwirrte Land Syrien, das Land von Kain und Abel, der einzige Ort weit und breit, von dem die Versöhnung ausgehen kann.

„Suriya el-hall", sagt er, „Syrien ist die Antwort." ■

Der Berliner Reporter **Jörg-Uwe Albig** ist regelmäßiger GEO-Special-Autor. Zuletzt berichtete er, im GEO Special Himalaya, über den Alltag in Tibet.

ACH, WIE REIZEND

Singende Büstenhalter, essbare Slips: Syriens Dessous-Designern ist keine Idee zu ausgefallen, wenn es darum geht, Anziehendes zum Ausziehen zu kreieren

FOTOS ¬ **HANS HANSEN** TEXT ¬ **KIRSTEN BERTRAND**

KRAFTSPENDER Nicht nur, dass Ober- und Unterteil (links) aus gewalztem Fruchtgummi bestehen. Auch Viagra soll beigemischt sein. Kosten: umgerechnet 6,50 Euro. ROSENSTOLZ Wem die goldbestäubten Blütenblätter noch nicht reizend genug erscheinen, kann den Stern in der Mitte zum Blinken bringen. 8 Euro

PIEPSHOW Vögel kuscheln sich in grüne Plüschnester – eine unverhohlene Anspielung auf das arabische Slangwort für weibliches Schamhaar: Vogelnest. Kosten: 4 Euro. DAUNENKINO Unter den schwarz-roten Kunstfedern verbergen sich Leuchtdioden. Wer den Schalter findet, wird mit discoähnlichen Lichteffekten belohnt. 12,50 Euro. I LOVE YOU besticht durch weich gepolsterte Stoffdreiecke mit Innenleben: Winzigen Lichtern verdankt das Ensemble seine geheimnisvolle Leuchtkraft. 12,50 Euro. HERZENSSACHE Per Hand aufgestickte Pailetten und Glastroddeln machen dieses Modell zum teuersten: 16 Euro. STERNENGLANZ Klimpernde Vorhänge aus Perlenschnüren verleihen dem Oberteil eine besondere Ausdrucksschwere. 12,50 Euro

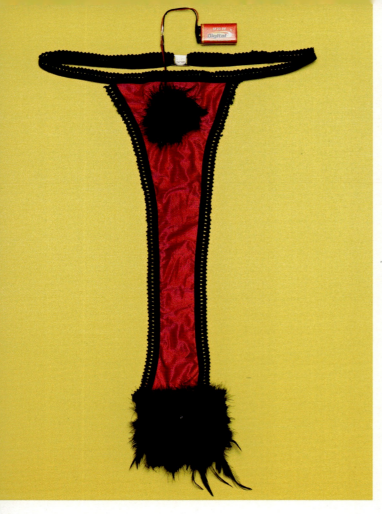

BATTERIEBETRIEBEN Ein winziger Elektromagnet im Hüftgummi hält dieses Modell zusammen – jedenfalls so lange, bis jemand per Fernbedienung den Verschluss löst. Dennoch nichts für Ungeduldige: Mann muss den richtigen Knopf finden. 8 Euro

DER LETZTE SCHREI braucht eine neue Batterie. Hektisch fummelt der Verkäufer unter seiner Ladentheke, dann holt er hervor, was in syrischen Schlafzimmern für Verzückung sorgen soll: eine Fernbedienung. Und einen pinkfarbenen Slip, den er zwischen beiden Händen aufspannt. Ein Druck auf eine der 49 Tasten – und die Vorderfront des Höschens klappt nach vorn weg, wie abgeschnitten. Ein ferngesteuerter Elektro-Schlüpfer: Ausziehen ohne Anfassen! Man weiß im ersten Moment nicht, ob man lachen, applaudieren oder schleunigst den Laden verlassen soll.

„Interessiert?", fragt der Händler. „Oder wollen Sie noch mehr sehen?" Wir wollen. Denn das, was man hier im und um den Suk Al Hamidiya in Damaskus für ein paar Euro erwerben kann, ist so bizarr wie einzigartig: Dessous, zu je einem Drittel Reizwäsche, Spielzeug und Scherzartikel.

Aber zu 99 Prozent ernste Angelegenheit. Die Verkäufer in der Unterwäsche-Gasse des Suk jedenfalls verziehen keine Miene, als wir feuerrote Höschen begutachteten, deren fluoreszierende Muster im Dunkeln die Richtung weisen sollen; als wir herbe Schokokugeln zerbrechen, in denen sich wie in einem nicht jugendfreien Überraschungsei ein Minislip versteckt; als wir über Tangas aus gewalztem Fruchtgummi staunen, die mit Viagrapulver veredelt sind. Teddybären auf BHs krakeelen arabische Popsongs, Leuchtdioden schicken Blinkkaskaden über Unterhosen. Schöne Scheußlichkeiten neben dezenten Designschönheiten, Kitsch neben Kunstvollem. Das Ganze ist ungefähr so erotisch wie ein Besuch in der Spielzeugabteilung von Karstadt.

Hinter den Ideen stecken keine Textilketten, keine bekannten Designer, fast alles hier ist *handmade in Syria*: von der Baumwolle über den Entwurf bis zum fertigen Stück, entworfen, geschneidert, geklebt, getackert in winzigen Nähereien, teils auch in Heimarbeit. Das US-Handelsembargo, heißt es, habe die Fantasie der syrischen Designer beflügelt, eine Rückbesinnung auf die eigene Kreativität. Was nicht bedeutet, dass sie nicht mit der Zeit gehen: Seit sich die Schneider Inspiration aus dem Internet holen, baumeln vor ihren Läden neben Negligés mit Orient-Stickereien eben auch Slips, auf denen Plastikhandys oder Plüsch-Hamburger aus Fernost kleben.

Nur: Wer kauft so etwas? Ein Händler, der sich als Abdullah vorstellt und in seinem winzigen Stand hinter einem Vorhang aus Büstenhaltern auf Kunden wartet, zaust nachdenklich seinen Bart. Viele Saudis, viele Jordanier, sagt Abdullah, viele Syrer. Zu 90 Prozent Frauen. Eher Musliminnen als Christinnen, eher einfache Frauen als gebildete, eher junge als ältere. Mütter mit ihren Töchtern kämen oft, um für die Aussteuer auszuwählen, Preziosen für die Hochzeitsnacht. Oder für den ersten Hochzeitstag, den Geburtstag des Mannes. „Viele kaufen gleich 30, 50 Stück", sagt Abdullah. „Eine hat sogar 100 Modelle eingepackt."

Abwechslung also. Eine Frau, die ihren Ehemann immer neu erfreut, sagt man hier, brauche nicht zu fürchten, dass er zu einer Prostituierten geht oder, noch schlimmer, sich eine Zweitfrau zulegt. Und da es vielen Frauen verboten ist, in der Öffentlichkeit aufreizende Kleidung zu tragen, verlagern sie ihr Bedürfnis nach Extravaganz einfach ins Private.

„Lachen ist doch gut für jede Beziehung!", sagt Abdullah. Besonders erfolgreich läuft bei ihm zurzeit ein Slip, für den man nicht einmal eine Fernbedienung benötigt. Man muss nur laut in die Hände klatschen, und das bisschen Stoff fällt hinab. Das hat sogar auf uns den gewünschten Effekt. ∎

GEO-Special-Redakteurin **Kirsten Bertrand** verließ den Suk von Damaskus mit Taschen voll skurriler Unterwäsche. Verkäufer Abdullah war zunächst irritiert über das große Interesse der Deutschen. Seine erste Frage: „Brauchen Sie das alles für Ihre Hochzeitsnacht?"

Die Grenzen der Liebe

Der Tag, der ihr glücklichster sein soll, ist gleichzeitig ihr traurigster: Eine Braut, die vom Golan nach Syrien heiratet, darf nie mehr in ihre israelisch besetzte Heimat zurückkehren. Die Geschichte eines Familiendramas im langen Schatten des Nahostkonflikts

FOTOS ¬ URSULA MEISSNER   TEXT ¬ NADJA KLINGER

September 2008: Fünf Stunden hat es gedauert, Nihal mit Kunsthaar und Make-up die Fassade einer Diva zu verleihen. Die Tage zuvor sind voller Abschiedsschmerz: Mutter und Tochter brechen immer wieder in Tränen aus, die Familie vermag kaum zu trösten. Selbst der Anblick von Koffern und Brautstrauß lässt Nihal verzweifeln. Am Hochzeitstag eskortieren indische UN-Soldaten die Braut zur Trauung

Vielleicht hat Nihal in den vergangenen zwei Jahren Gefallen daran gefunden, in Cafés zu sitzen und eiskalten Mangosaft zu trinken. Oder sie hat die Abende genutzt, um sich mit Damaskus, ihrer neuen Heimat, anzufreunden, wenn der Wind aufkam, den Wüstensand wegwehte und die Farben zum Vorschein brachte. Vielleicht streift sie mit Rabie durch die Gassen, wo alte Männer auf Plastikstühlen vor den Haustüren sitzen und Wasserpfeife rauchen. Dunkel sind diese Gassen, gerade und lang, an den Enden blinkern die ganze Nacht die Fenster der teuren Villen am Qasyun-Berg. Vielleicht gehen Nihal und Rabie Hand in Hand. Sie sind Cousine und Cousin. Sie tragen Eheringe. Sie sind ein ganz besonderes Paar. Sie vom Golan, er aus Syrien. Und heute ist der 27. September 2010, ihr zweiter Hochzeitstag.

Vor zwei Jahren sind sie die rund 60 Kilometer vom Golan bis Damaskus mit dem Auto gefahren. Die Mitarbeiter des Komitees vom Roten Kreuz, die das Brautpaar von Israel weg durch das entmilitarisierte Niemandsland geführt hatten, verloren es auf syrischem Boden aus den Augen. Ihre Mission war erfüllt. Trotzdem haben sie uns nun geholfen, Nihal und Rabie ausfindig zu machen. In einer Hauptstadt, in der rund 1,7 Millionen Menschen leben und täglich dreimal so viele unterwegs sind, wo kaum jemand eine Adresse hat, da es keine Postleitzahlen und selten Hausnummern gibt. Sie haben uns geholfen, denn was wir uns fragen, fragen sich die Rotkreuz-Mitarbeiter auch: Finden zwei, die an der Front zusammengekommen sind, ihren Frieden? Ihr Glück?

Eine Telefonnummer in einer Wohngegend am Stadtrand, Nihal ist am Apparat. Wir laden sie zum Essen ein. Sie zögert. Rabie soll entscheiden. Er überlegt. Dann sagt er zu. Aber nur, wenn das Rote Kreuz dabei sein wird.

Im modernen Stadtzentrum wird das Abenddunkel von den Schaufenstern der Geschäfte erhellt. Aus ramponierten gelben Taxis krauchen Menschen, zupfen an ihren Frisuren, streichen über ihre Kleider, entschwinden zum Einkaufen oder zum Essen. Plötzlich sind Nihal und Rabie da. Beide sind fröhlich. Und sie kommen Hand in Hand. Der Kellner serviert den Mangosaft in bauchigen Gläsern, mit bunten Strohhalmen. Wir stoßen an. Unser Geschenk befindet sich in einer Schachtel. Nihal knüpft das Schleifenband auf. Sie hebt den Deckel an, späht hinein, sieht die Fotos und lässt den Deckel sofort wieder los. Lächelt den Kellner an. Der reicht ihr die Speisekarte.

Nihal liest nicht in der Karte, und sie schmeckt wohl auch das Essen nicht, das Rabie für sie bestellt. Wie so oft, seit sie in Damaskus angekommen ist, rauben die Erinnerungen ihr die Sinne. Sie holt

September 2010: Nihal mit ihrem Mann Rabie am Abend ihres zweiten Hochzeitstags in Damaskus

den Stapel Fotografien aus der Schachtel und packt ihn auf den Tisch. Nimmt ein Bild nach dem anderen. Fotos von ihrer Hochzeit. Sie lacht. Dann verzieht sie urplötzlich ihr Gesicht. Legt die Hände an die Wangen, als könnte sie ihre Gefühle so in den Griff bekommen. Reibt sich die Augen, klammert sich an ihren Mann, holt tief Luft, lässt los – und taucht in die Vergangenheit.

Golanhöhen, Israel, 25. September 2008. Die Braut ist schön. Ein Mädchen in reinem Weiß. Eine Frau, unter deren Bewegungen der Tüll rauscht. Die dunklen Augen mit schwarzem Strich gerahmt. Die hohen Wangenknochen zartrot gepudert. Auf den Lippen kussechter Glanz. Nihal Yehya Safadi, 24 Jahre alt.

Bald wird Rabie auf sie zugelaufen kommen. Schon aus der Ferne wird sein Blick sie umarmen. Wenige Schritte vor ihr jedoch wird er innehalten. Zunächst sollen sich ihre Väter begrüßen, dann hat sich der Bräutigam dem Schwiegervater zuzuwenden. Die Braut wird abseitsstehen und zusehen, wie Rabie sich an die Regeln hält. Der Wind wird um ihr dunkles Haar streifen, das zu einer prächtigen, schweren Frisur aufgesteckt ist.

Aber noch ist es nicht so weit. Noch bleiben Nihal ein paar Stunden. Sie versucht, ein passendes Gesicht zu machen zu einem Tag, für den sie eigentlich zwei Gesichter brauchte. Es misslingt. Während sie an der Fassade arbeitet, meutern die Emotionen in ihr. Papiertaschentücher stoppen ihre Tränen, ehe die schwarze Wimpernfarbe über die Wangen spült. Heute ist Nihals Hochzeit, aber es ist Krieg. In den Steinchen ihres Diadems funkelt die Septembersonne des Nahen Ostens.

Der mehrere Hundert Dollar teure Friseur, der ihr Frisur und Make-up verpasst hat, ist der beste auf dem Golan. An diesem Morgen um fünf ist Nihal mit ihren Freundinnen zu ihm nach Majdal Shams gefahren. Um acht haben sie die Journalisten hineingelassen, die sich für die ungewöhnliche Hochzeit interessieren. Wie eine Diva hat Nihal in Kameras gelächelt und in Mikrofone gesprochen: „Ich bin glücklich und traurig zugleich."

Sie hat ihren Text aufgesagt. Er handelt davon, dass ein Mensch ein Leben beendet, um weiterzuleben. Mutter und Vater, die beiden Brüder und die Schwester, Onkel, Tanten, der Lieblingsneffe und die Freundinnen sind durch diesen Text geisteter, haben an Nihals Nerven gezerrt. Es ist der Text der Golanbräute, der Text jener Drusinnen, die keinen Mann aus dem Dorf heiraten wollen – sondern einen von der anderen Seite des Stacheldrahts. So einen zu heiraten bedeutet, es umgeben von Radaranlagen, Wachtürmen und Postenhäuschen zu tun. An der Waffenstillstandslinie zwischen Israel und Syrien, wo Soldaten der Vereinten Nationen und Mitarbeiter des Internationalen Komitees vom Roten Kreuz (IKRK) die Hochzeit überwachen. Wo hinter der Braut, wenn sie dem Bräu- →

tigam in Richtung Syrien folgt, israelische Soldaten das Tor zur Vergangenheit schließen. Wo es kein Zurück mehr gibt.

DER GOLAN, ein 25 Kilometer breites Basaltplateau zwischen Syrien, Israel und dem Libanon, erhebt sich auf einer Länge von 60 Kilometern nach Norden bis zu 1200 Meter über das flache Land. Die Tage hier sind sonnig und trocken, die Abende kühl. Von karg bewachsenen Hängen rinnen Bäche, im Frühling sind die Ebenen mit Blumen übersät, im Sommer und Herbst reifen Kirschen, Beeren, Äpfel und Wein. An der Westseite der Golanhöhen fließt der Jordan, dort liegt Israels Wasserressource, der See Genezareth. Im Norden thront das knapp 3000 Meter hohe libanesisch-syrische Hermongebirge, nach Osten fällt das Land bis Damaskus ab.

Im Sechstagekrieg 1967 eroberte Israel den Golan. Die Araber, die hier wohnten, flohen nach Syrien. Nur eine kleine Religionsgemeinschaft blieb: die Drusen, die den Koran auf ihre Weise interpretieren, an Seelenwanderung glauben und der Erde unter den Füßen mehr verbunden sind als einem Staat. Sie leben im Libanon, im israelischen Karmelgebirge, in Syrien und halten zusammen, indem sie nur untereinander, oft innerhalb der Großfamilien heiraten. Rund 18 000 Drusen verharren auf dem Golan. Ihre Häuser sind farb- und schmucklos, wie Würfel stehen sie an den Hängen. Zwei Generationen von Golan-Drusen kennen nur das Leben mit israelischen Soldaten, die von Wachtürmen auf sie herabsehen und sie an Checkpoints kontrollieren. Majdal Shams, das größte Drusendorf, ist durch die israelische Annektierung geteilt.

Mit einem Überraschungsangriff im Oktober 1973 eroberte Syrien Teile des Hochplateaus zurück. Israel wehrte sich, ein Waffenstillstandsabkommen stoppte den Kampf. Seither kontrollieren Soldaten der Vereinten Nationen eine entmilitarisierte Pufferzone an der Ostseite des Golan. Die Einhaltung der Vierten Genfer Konvention über den Schutz von Zivilpersonen in Kriegsgebieten überwacht das IKRK.

Gegensätzliche Informationen über das Leben auf dem Golan spiegeln den Krieg. Die rund 18 000 jüdischen Siedler seien den Drusen gute Nachbarn, heißt es. Am Hermon, wo sich jährlich bis zu 350 000 Besucher einfinden, würde man ungeachtet der Herkunft und der Religion gemeinsam Ski fahren. Lediglich ältere Drusen warteten noch darauf, wieder Syrer sein zu dürfen, die jüngeren wollten die Vorteile der offenen israelischen Gesellschaft nicht mehr missen.

Es heißt aber auch, die Besatzung sei allgegenwärtig. Golanhänge sind mit Minen übersät. Gelbe Schilder warnen, hin und wieder rollt Munition auf Straßen oder Terrassen, verletzt Menschen. Nihal beklagt, dass die Eltern Wasser, das im Boden unterm Dorf reichlich vorhanden ist, von den Israelis kaufen müssen. Dass sie Hebräisch lernen und selbst fürs Skifahren eine israelische Erlaubnis einholen mussten. Und sie erzählt: Als sie nach Jordanien gereist sei, um sich mit Rabie zu verloben, hätten die Israelis sie an der Grenze ein Formular für israelische Hundebesitzer ausfüllen lassen. Wo nach dem Namen des Hundes gefragt war, musste sie den ihren eintragen, bei Herrchen und Frauchen den ihrer Eltern.

Es gibt keinen Grenzverkehr zwischen Israel und Syrien. Einzig auf dem Golan wird die Waffenstillstandslinie hin und wieder passiert. Wenn Drusen, die in Damaskus studieren, für die Ferien heimkehren, sind UN-Soldaten und das IKRK dabei; auch wenn einmal im Jahr Gläubige vom Golan zu den syrischen Pilgerstätten ziehen. Selbst wenn garantiert friedfertige Äpfel die Linie bei Kuneitra passieren, ist das ein diplomatischer Salat: Die Äpfel werden am israelischen Tor verladen – auf einen Lastwagen mit weißer Plane, rotem Kreuz und Schweizer Kennzeichen. Ewig haben Israelis, die hinter dem Lenkrad keinen Araber haben wollten, und Syrer, die keinen Westeuropäer duldeten, um die Nationalität des Fahrers gestritten. Nun reist jedes Jahr zur Erntezeit ein Mann aus Kenia an. Seine Fahrstrecke durchs Niemandsland beträgt 200 Meter. Er steht auch bei den UN-Soldaten, wenn das Obst am syrischen Tor in neutrale Kisten umgeladen wird, da Syrien kein hebräisches Schriftzeichen ins Land lässt. Für Tausende Tonnen Golanäpfel fährt der Kenianer mehrere Wochen hin und her.

VOM FRISEUR ZURÜCK, drängt Nihal durch einen Menschenauflauf ins Elternhaus. Das ganze Dorf ist gekommen. Eine Freundin versperrt hinter ihr die Tür: „Lasst sie allein!" Nach einer halben Stunde ist die Braut wieder da. Die Augen sind wässrig und gerötet.

Eine Woche zuvor haben Rotkreuz-Mitarbeiter in Jerusalem von der israelischen Militärbehörde erfahren, dass am 25. September eine Braut nach Syrien gehen darf. Sie haben die Kollegen in Damaskus informiert, dann Nihal. Sie haben Papiere besorgt, sich um den Zeitplan gekümmert, darum, wie viele Kilo Gepäck der Braut gestattet sind, wie viele Personen sie ins Niemandsland begleiten können; es dürfen nur 30 sein.

Für eine drusische Familie ist die Zahl 30 klein. Tagelang ist in Nihals Haus diskutiert und gestritten worden. Es ist um die eine Stunde gegangen, die einzige Stunde, in der für die zerrissene Familie Unmögliches möglich sein wird: die Begegnung von Brüdern und Schwestern, Eltern, Kindern, Großeltern, Enkeln. Der Vater hat die Entscheidung auf sich genommen. Auf seine Tochter hat er keine Rücksicht nehmen können. Nihals Lieblingsneffe wird nicht unter ihren Gästen sein. In den drei Tagen vor der Hochzeit wird viel geweint. In den Nächten hat Nihal im Bett gelegen und auf die dunklen Schatten im Zimmer gestarrt: Koffer, Taschen, Kisten. Wie ein brutaler Einbrecher stand der Gepäckstapel vorm Bett, abreisebereit. Nihal ist in Tränen ausgebrochen, sobald ihr jemand Guten Tag wünschte. Sie hat Geborgenheit gesucht, dann wieder das Weite, hat auf einer wilden Abschiedsparty wie hypnotisiert mit ihren Freunden getanzt.

Nun schenkt einer ihrer Brüder den Menschen vor dem Haus Kaffee ein. Er ist gegen die Hochzeit. Den Ort, den seine Schwester verlässt, nennt er Heimat. „Sie wird es bereuen", sagt er. Nihal gefällt das nicht. Sie beschwert sich bei den Eltern, doch auf den Bruder, den man verliert, kann man nicht wütend sein. Sie greift nach seiner Hand, küsst ihn auf die Wange. Der zweite Bruder kommt hinzu. Sie führen die Braut zum Auto. Der Weg ist wenige Meter lang. Endlos.

Ein Nachbar filmt: Alte Frauen unter weißen Kopftüchern stimmen Klage- →

Von der Presse beobachtet, vom Roten Kreuz betreut, von Soldaten bewacht, beschreitet Nihal das Niemandsland. Erst dort trifft sie ihren zukünftigen Mann Rabie, der gleichzeitig ihr Cousin ist. Minutenlang schauen sich die beiden in die Augen, als existiere der Trubel um sie herum nicht. UN-Soldaten schirmen derweil die Grenze ab. Mehrere Dutzend Gäste von beiden Seiten dürfen die Brautleute begleiten; unter einem Baldachin feiern sie eine Stunde lang die Hochzeit, die ein Abschied ist

gesänge an. Ein Schritt, jemand will sich verabschieden, die Braut hängt sich an ihn. Ein Schritt, die Braut wirft sich dem Nächsten an den Hals. Lautes Schluchzen. Sie zerrt an ihrem Lieblingsneffen. Sie lässt ihn verzweifelt los. Der Junge hat sich festgeklammert. Ein Schritt, die kleine Tochter der Freundin wirft sich heulend in den Tüllrock. Als Nihal ins Auto steigt, hat sie den Schleier vorm Gesicht. Sie sitzt starr. Brüder und Freundinnen

Schrecksekunde: Am Telefon erfährt Rabie, dass das Paar den Kontakt zu den deutschen Reportern beenden muss

bemühen sich, den Rock ins Fahrzeug zu stopfen, ehe sie die Tür zuschlagen. Der Konvoi nimmt die Serpentinen in einem fort hupend, so wie Hochzeitskolonnen überall auf der Welt.

An der Waffenstillstandslinie erklärt ein Mitarbeiter des IKRK den Ablauf. Es geht um Formalitäten, um die zwei gelben Gittertore, die passiert werden müssen. Um Posten, Wachtürme, Antennen und Radaranlagen, die das Gelände markieren, das nicht betreten werden darf. Um Israelis in Tarnanzügen und UN-Soldaten mit blauen Mützen. Die Drusen dürfen im Niemandsland keinen Ärger machen. Ausgerüstet mit Kühlboxen und Plastikbeuteln voller Essen, mit Kaffeekannen, Geschirr und Besteck, hören Nihals Verwandte zu. Hinter ihnen liegt der einwöchige Abschiedsmarathon. Vor ihnen eine Stunde Familientreffen. Sie sind schicksalsergeben und erschöpft. Der israelische Wachmann lächelt. Nach den 30 zugelassenen Gästen winkt er weitere durch. Zusammen mit der Mutter verlässt Nihal als Letzte das Land.

Hier ein Minenfeld, dort ein Minenfeld, Stacheldraht. Nihal hält inne. Dreht sich um. Kameramänner und Fotografen, die alle nicht weiter dürfen, bedrängen Zaun und Posten. Am rechten Handgelenk trägt Nihal eine weiße Kette. Beim Winken legen sich die Perlen in den Wind. Die Braut ist so schön traurig. So schön hoffnungsvoll. Ein Star.

Und sie geht weiter. Den weißen Brautstrauß hat sie fest im Griff. Sie hält ihn nicht wie ein Blumenbouquet, sondern wie ein Licht. Wie ein Fackelträger das olympische Feuer. Vor ihr liegt die Hoffnung, dass alles gut wird. Hinter ihr: die Grenzstation. Die Fotoapparate rattern wie Maschinengewehre.

Auf der syrischen Seite geht die Schranke hoch, Verwandte kommen angerannt. Eine Frau mit Säugling gerät ins Stolpern. Gekreische, Gesänge, Freudentänze und wieder Tränen. Wie Wellen schlagen zwei Teile einer Familie ineinander, über Nihal und Rabie hinweg. Der Bräutigam trägt Anzug und Krawatte. Er küsst nicht, er reißt seine zukünftige Frau nicht an sich, er umarmt sie mit einem tröstlichen Blick.

Am Holztisch im IKRK-Häuschen, genau in der Mitte zwischen israelischen und syrischen Grenzanlagen, werden Nihal und Rabie von einem syrischen Geistlichen getraut. Derweil wird draußen hastig gegessen. Niemand setzt sich, niemand schweigt beim Kauen. Nach 60 Minuten schüttelt ein Rotkreuz-Mann die Glocke. Nihals Leben auf dem Golan endet jetzt. Aber der Abschied läuft nicht reibungslos ab, Emotionen sind nicht folgsam. Die Familienmitglieder werden gebeten, ermahnt, angetrieben. Sie gehen nur widerwillig nach zwei Seiten ab. „Ich rufe dich immer an", schreit Nihals beste Freundin. Das Versprechen ist alles, was bleibt. Von Syrien aus führt keine Telefonnummer nach Israel, nur umgekehrt kann man anrufen.

Handover heißt das Papier, auf dem vermerkt ist, was in dieser einen Stunde geschah: „Israel übergibt eine Bürgerin des Golan an Syrien." Wie Stückgut gerät die Braut in ihr neues Leben. Es ist der 25. September 2008. Weitere Bräute warten, aber sie erhalten keine Erlaubnis mehr. Bis heute.

DAMASKUS, SYRIEN, September 2010. Am Morgen, nachdem sich ihr Hochzeitstag zum zweiten Mal gejährt hat, sehen wir uns bei Nihal zu Hause die Fotos an, die damals während der Feier in Damaskus entstanden sind. 16 Stunden hat es gedauert, bis jeder Gast mit der Braut abgelichtet war. Von halb neun morgens bis nach Mitternacht hat sie in die Kamera gelächelt. Sie kannte kaum jemanden von all den Menschen. Schließlich bat sie der Fotograf, sich vors Sofa zu setzen. Er drapierte das Kleid, bis der Fußboden vollständig vom Rock bedeckt war. Auf dem Foto sieht es aus, als stecke Nihal bis zur Hüfte im Meer. Als würde sie im Tüll ertrinken.

Rabies ganze Familie wohnt mit dem Paar unter einem Dach. Tanten, Onkel, Neffen, Nichten, seine Eltern. Nihals Familie. Im kleinen Wohnzimmer stehen ein Sofa, ein Tisch, ein Regal mit Deckchen, Fotoalben, Fernsehgerät, Hochzeitsbild. Das Fenster führt in einen vergitterten und überdachten Vorhof. Es gibt nur künstliches Licht.

Und es gibt Shams. Das Mädchen mit den großen, dunklen Augen und dem schwarzen Haar ist neun Monate alt. Shams bedeutet Sonne. Die Sonne wurde mit zwei Löchern im Herzen geboren. „Das war nicht leicht", sagt Nihal. „So ohne meine Eltern." Bald nach der Hochzeit verließ Rabie wieder täglich das Haus, um Haushaltswaren und Möbel zu verkaufen. Kam er abends heim, saß seine Frau mit Fotos vom Golan auf dem Sofa und weinte. Kommunikationsportale wie Facebook sind in Syrien verboten, für Internetanrufe ist die Verbindung im Haus zu langsam. Nihal kann nur hoffen, dass ihr Telefon klingelt. Manchmal ist der Bruder dran. „Heul nicht", sagt er. „Ich hab dich gewarnt."

Rabie sagt: „Sie ist immer noch fremd hier. Sie hat noch keine richtigen Freunde." Nihal versucht zurechtzukommen. Sie mag die Altstadt von Damaskus, die eng ist, schattig, still und umgeben von einer Mauer. „Richtige Freunde findet man nur in der Kindheit", sagt Nihal. „Nur zu Hause."

Rabie legt den Film ein, den ein Nachbar vom Abschied auf dem Golan gedreht hat. Nihal sagt nichts, schaut Rabie an, der nie in seinem Leben in ihrem Dorf war. Es klingt nicht gut, wie er über Israel, über das frühere Leben seiner Frau redet. Sind sie glücklich, ein Ehepaar zu sein? Wieder schaut Nihal zu Rabie. Er sagt: „Es war allen wichtig, dass wir heiraten. Seit unserer Hochzeit telefoniert die Familie mehr miteinander als vorher."

Braucht Rabie die Geschichte vom großen Plan der Familienehre, um vor sich selbst zu rechtfertigen, was seine Frau geopfert hat? Die beiden benehmen sich, als ginge es darum, nichts falsch zu machen.

RABIES HANDY KLINGELT. Er steht auf. Als er das Gespräch beendet, ist er blass. Leise redet er mit Nihal, sie reißt die Augen auf. Eine Tante sei schwer erkrankt, sagt Rabie, sie müssten sofort ins Hospital. Wieder winkt Nihal zum Abschied, so wie einst im Niemandsland.

Tags darauf erfahren wir: Die kranke Tante ist eine Notlüge gewesen. Wir sehen Nihal nicht wieder. Sie kommt vom Golan, sie ist ein Stück Nahostkonflikt, und wir sind ausländische Journalisten. Wir forschen nach, versuchen zu ergründen, was vorgefallen ist. Und finden keine andere Erklärung als die: Der syrische Geheimdienst muss Rabie und Nihal per Anruf verboten haben, uns weiter zu treffen.

Wir streifen durch die Altstadt, Männer verfolgen und fotografieren uns. Auf dem Gewürzmarkt hängen wir sie ab, bald sind andere an uns dran. Im Hotel funktionieren plötzlich die Zimmerkarten nicht mehr. Wir zerreißen Gesprächsnotizen, verteilen Schnipsel auf die Papierkörbe der Al-Hamra-Straße. An einer übersichtlichen Stelle im Park Zenobia wählen wir Rabies Nummer, er geht nicht ans Telefon.

Einmal noch erreichen ihn die Mitarbeiter des IKRK. Er sagt, es sei viel Trubel um ihn herum, er könne nichts verstehen, rufe zurück. Aber er tut es nicht.

„Ich bin glücklich und traurig zugleich", hat Nihal einst beim Friseur gesagt. Aber Glück ist wohl doch ein Zustand, den Kriegsopfer nie wirklich annehmen können. ■

Autorin **Nadja Klinger**, 45, hat viel mit Nihal und Rabie gelacht – und hätte gern länger mit ihnen gesprochen. Fotografin **Ursula Meissner**, 46, hatte das Paar immerhin schon am Tag seiner Hochzeit erlebt.

INFO

▶ GOLAN

Zwischen Krieg und Frieden

Der Streit um den Golan, jenes 1150 Quadratkilometer umfassende Hochplateau zwischen dem See Genezareth und Damaskus, ist bis heute eines der Haupthindernisse für Friedensgespräche in Nahost. Im Westen sichert die „Alpha-Linie" den Status quo, die von israelischen Militärs nicht überschritten werden darf, im Osten die „Bravo-Linie", die für syrische Armeeangehörige gilt. Dazwischen liegt eine entmilitarisierte Pufferzone, bewacht von Soldaten der Vereinten Nationen, 75 Kilometer lang und zwischen 10 Kilometer und 200 Meter breit – bewohnt von ungefähr 100 000 Menschen.

Seit den 1990er Jahren verhandelten Israel und Syrien mehrfach erfolglos über die Zukunft des umstrittenen Gebietes. Syrien forderte die vollständige Rückgabe; Israel dagegen war nicht bereit, die dazugehörigen Uferkilometer am See Genezareth abzutreten. Zu groß die Angst, der ungeliebte Nachbar könne von dort Israels wichtigste Wasserquelle blockieren und, wie zuvor geschehen, israelische Siedlungen beschießen. Nun könnte ein neues israelisches Gesetz von November 2010 den Friedensprozess weiter erschweren, denn fortan sollen die Bürger in einem Referendum über den Golan entscheiden, wenn es im Parlament keine klaren Mehrheiten gibt. Und eine Zustimmung des israelischen Volkes zu einer möglichen Rückgabe gilt als höchst unwahrscheinlich.

MIT EIGENEN AUGEN

Von Syrien aus können Besucher die Ruinenstadt Kuneitra besichtigen – ein „Freilichtmuseum des Krieges", rund 60 Kilometer südöstlich von Damaskus, mitten in der Pufferzone. Zur Blütezeit lebten hier 20 000 Menschen, dann wurde die Stadt 1967 von Israel besetzt und 1973 völlig zerstört verlassen. Israel und Syrien geben sich gegenseitig die Schuld an den Verwüstungen. Ein Besuch in der Geisterstadt ist nur mit spezieller Erlaubnis und offizieller syrischer Begleitung möglich. Das „Permit" bekommt man gegen Vorlage des Reisepasses bei der dafür zuständigen Behörde in Damaskus (Abd-Al-Rahman-Shahbandar-Straße, nahe dem Adnan-Al-Malki-Platz). Am besten ein Taxi wählen, dessen Fahrer eine Sondererlaubnis besitzt, oder an der Busstation Baramke im Zentrum, nahe dem Hedschas-Bahnhof, einen Minibus nehmen. Hinter einem Checkpoint steigt ein syrischer Sicherheitsbeamter hinzu und begleitet Besucher durch den Ort. Zu sehen: zerstörte Gebäude, ein Krankenhaus mit Einschusslöchern, Geröll. Ein Symbol des Kalten Krieges zwischen beiden Ländern – das von Syrien nicht zuletzt auch zur Propaganda gegen Israel zugänglich gemacht wird. Bei Kuneitra befindet sich auch jener Grenzübergang, den alljährlich Äpfel, Pilger, Studenten passieren – und Bräute, wenn sie dürfen.

Gefüllte Weinblätter mit Safran

Tausendundeine Köstlichkeit

FOTOS ¬ **HANS HANSEN**

Für den syrischen Gourmet Hanna Saliba ist die Küche seiner Heimat Genuss, Lebensfreude, ein Rausch der Sinne. Weshalb er sich in vier Briefen bei jenen bedankt, die ihm kulinarisch auf die Sprünge halfen

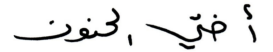

MEINE HERZENSSCHWESTER HANNEH,
dass du eine wunderbare Köchin bist, habe ich dir wohl schon tausendmal gesagt. Aber du bist mehr. Du warst es, die unsere Familie in schweren Zeiten zusammengehalten hat – an Leib und Seele. Als Mutter starb, war ich 17, du warst 15, nach uns kamen sechs Geschwister, das jüngste gerade ein Jahr. Über Nacht wurdest du Mutter, Hausfrau, Versorgerin. Musstest waschen, bügeln, putzen. Und das Essen bereiten, mittags warm, abends kalt. Vater pflegte weiterhin ein offenes Haus in Latakia am Mittelmeer. Gastfreundschaft ist das höchste Gut für uns Syrer, je mehr Esser um den Tisch saßen, umso stolzer war also Vater. Und umso mehr Arbeit hattest du.

Ich sehe noch vor mir, wie du lernen musstest, Kibbe, „Kuppeln", zu formen: eine Hülle aus Weizenschrot und Hackfleisch, gefüllt mit würzigem Lammhack und Pinienkernen. Ein syrisches Nationalgericht, sogar mehr: Eine Frau, die perfekte Kibbe auftischt, ist heiratsfähig, sagt man. Vor den Augen der Großmutter musstest du die Hülle in der Hand formen, möglichst dünn, damit sie beim Ausbacken knusprig wird. Jedes Mal, wenn sie zu dick ausfiel, musstest du von vorn beginnen. Auch wenn Zeit und Geld damals knapp waren: Fast jeden Mittag standen mehrere Gerichte auf unserem Tisch. Denn wie es der Brauch will, brachtest du den Nachbarn stets ein Schüsselchen unseres Essens, im Gegenzug bekamen wir eine Schüssel von ihnen. Aus einem Gericht wurden so viele.

Damals spürte ich, dass wir beide eine Gabe haben. Ein Talent, das sich in Zunge und Fingerspitzen zeigt. Die Zunge für den guten Geschmack. Und das Fingerspitzengefühl für die richtige Menge Gewürz zwischen Zeigefinger und Daumen. Nur wer beides hat, kann harmonisch kochen. Harmonie – das Zauberwort der syrischen Küche! Nicht scharf wie die indische, nicht zurückhaltend wie die deutsche ist sie. Sondern fein ausgewogen, ein Hoch auf Frische und Vielfalt. Wir Syrer haben im Laufe der Zeit alle Gewürze der Welt und die kulinarischen Einflüsse der unterschiedlichsten Völker vereint.

Wie ausgefeilt deine Kochkunst war, wurde mir schmerzlich bewusst, als ich 1970 nach Deutschland zog, um Kapitän zu werden. Das Essen: gewöhnungsbedürftig. Drei Monate aß ich nur Bananen! Irgendwann fing ich an, in meiner Wohngemeinschaft zu kochen. Als meine Freunde die Gerichte immer wieder lobten, fragte ich sie: Würdet ihr dafür auch bezahlen? Aber natürlich, sagten sie. Damals nahm in meinem Kopf eine Idee Gestalt an: ein Restaurant für syrische Spezialitäten, mein Traum. Aber das sollte noch Jahre dauern.

Weißt du noch, wie du bei meiner Hochzeit in Hamburg gekocht hast? 1976, du warst 24. Taboulé wolltest du machen, den klassischen Petersiliensalat mit Tomaten, Minze, Olivenöl und Zitronensaft. Stundenlang haben wir gesucht, bis wir annähernd glatte Petersilie fanden! Die Deutschen kannten ja nur krause. Dann kauften wir gleich so viel, dass du die Blätter in der Badewanne waschen musstest. Wie du damit unsere 80 Hochzeitsgäste verzaubert hast! Dein Reis mit Fadennudeln, in Butter gebraten und mit genau der richtigen Wassermenge gekocht, hat sie ebenso verzückt. Und das gehackte, frittierte Gemüse mit Ei und Mehl. Und das marinierte Lamm. Auch als ich 1984 mein erstes Restaurant eröffnete, konnte ich auf dich zählen. Sechs Monate hast du mit mir gekocht. Eine bessere Lehrmeisterin konnte ich mir nicht wünschen. Bis heute bist du die Einzige, von der ich mir in der Küche etwas sagen lasse.

Wenn ich nach Latakia komme, freue ich mich lange im Voraus auf dich, deine Familie und auf meine acht Leibgerichte: Auberginen und Weinblätter, beides in Tomatensauce mit Zimt, gefüllt mit Reis und Lammhack; Mangoldblätter, gefüllt mit Reis und Kichererbsen; Sommerzucchini in Joghurt-Minzsauce; knusprige Kibbe, die du zur Perfektion gebracht hast; fingerdünne Kohlrouladen mit Zitrone, Minze und Knoblauch; Okraschoten mit Koriander und Tomatensauce; Hackbällchen in Thymian-Zitronensauce. „Taibeh!", ruft man in Syrien am Tisch, wenn es besonders mundet. „Rundum köstlich!" Ich könnte es bei jedem deiner Gerichte ständig rufen. Nur käme ich dann gar nicht mehr zum Essen.

HERZLICHE GRÜSSE AUS HAMBURG

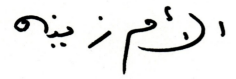

Mutter Zeineh,

so nenne ich dich seit meiner Jugend. Wenn ich als Junge mit meinem Freund, deinem Sohn Neemé, von der Schule kam, stand bei dir oft schon ein Teller für mich auf dem Tisch. „Kool, Kool, Habibi!", sagtest du immer. „Iss, iss, Liebling."

Dass viele syrische Frauen hervorragende Köchinnen sind, ist, so glaube ich, auch unserer Kultur geschuldet: Nach der Hochzeit blieben die Ehefrauen traditionell zu Hause, jedenfalls war es früher so. Anerkennung in unserer Männergesellschaft erarbeiteten sie sich in der Küche, hier konnten sie ihren Ehrgeiz ausleben. Gut zu kochen ist irgendwann wichtiger, als nur hübsch auszusehen. Du bist mittlerweile fast 90 Jahre alt, und immer noch liegen dir die Männer zu Füßen.

Besonders gut sind dir immer die Innereien gelungen. Beim Schlachten durfte schließlich kein Teil des Tiers weggeworfen werden. Aus Sparsamkeit, aus Respekt – und weil Innereien eine Delikatesse sind. Leber, mariniert mit Pfeffer, Koriandersamen, Knoblauch und Öl, auf einen Spieß gesteckt und kurz gegrillt. Lammhirn, in Zimt und Mehl gewälzt und dann vorsichtig in Butter gebraten. Und mein Leibgericht: Lammhoden, abgezogen, gewässert, mit wenig Zwiebeln, Kardamom, Essig und dann in Scheiben geschnitten und gebraten. Das alles gelingt nur, wenn man ein Geheimnis der syrischen Küche kennt: die berühmte „kleine Flamme". Nie würde eine Köchin mit „großem Feuer" arbeiten, nicht einmal das Wort würde sie in den Mund nehmen! Die niedrige Hitze ist fast so wichtig wie das Abschmecken.

Wie meine Schwester kamst du zu mir nach Hamburg, um in meinem Restaurant zu kochen. Weißt du noch, wie dich die Gäste am Ende jedes Abends feierten? Du kamst im Kittel aus der Küche, alle klatschten, und du warst perplex: „Ich habe doch nur gekocht!" Gourmetmagazine haben über dich berichtet, sogar das Fernsehen kam. Die Anerkennung empfandst du so, als habe man dir das Bundesverdienstkreuz verliehen.

Manchmal denke ich, dass dein Essen auch deshalb so herrlich ist, weil du nicht nur mit kleiner Flamme und viel Erfahrung kochst, sondern auch mit großer Hingabe. Ohne Hingabe schmeckt nichts. Nicht einmal ein Spiegelei.

Dein Sohn Hanna

OKRASCHOTEN IN TOMATENSAUCE   GEFÜLLTE FLEISCHBÄLLCHEN, KIBBE   FOULBOHNEN MIT MINZE

TABOULÉ, PETERSILIENSALAT

دمشق في

LIEBE BRÜDER,

meine Freunde aus Kindheitstagen, wisst ihr noch? Marwan, Raschid, Ibrahim, Josef, Jaques und ich, wie wir als junge Männer mit 17, 18 Jahren im Abendlicht an der Corniche von Latakia saßen, in einem der Cafés, und unser bisschen Geld zusammenwarfen. Für etwas mehr als eine Lira bestellten wir die kleinste Flasche Arak, die es gab. Arak, unser Nationalgetränk, dieses glasklare Weintraubendestillat mit betörendem Anisaroma und bis zu 80 Prozent Alkoholgehalt.

Aber natürlich ging es uns nicht nur um den Alkohol, sondern auch um das Essen: Mazza, die Vorspeisen. Die waren immer ein Erlebnis: Zur 0,2-Liter-Flasche brachten die Kellner automatisch 20 Vorspeisen-Schüsselchen, zur 0,5-Liter-Flasche gab es 50. Hummus etwa – Kichererbsenpüree mit Sesambutter; Foul – Bohnen mit Zitrone, Knoblauch und Tomaten; Moutabal – Püree aus gerösteter Aubergine; Fatusch – Salat mit Portulak, Granatapfelessig, Essigbaumgewürz und in Olivenöl geröstetem Pitabrot. Überhaupt, das Brot: in Sekundenschnelle auf glühend heißem Stein gebacken, pfannkuchendünn, frisch und weich und duftend, ideal, um es in Stücke zu reißen und in die Schüsselchen zu tunken.

Diese Abende, so weiß ich heute, prägten unsere mediterrane Mentalität, die sich aus vielen Puzzleteilen zusammensetzt: aus der Gemeinschaft der Freunde, dem milden Wetter, dem Meeresrauschen, dem Sonnenuntergang, dem Arak, dem guten Essen. Ich weiß noch, wie wir um unsere kleine Flasche hockten und uns wie Erwachsene fühlten. Wie unsere Väter, die oft nur einen Raum weiter beisammensaßen, aßen, tranken, rauchten, diskutierten und uns Jungspunde wohlwollend gewähren ließen. Die Väter waren unsere Vorbilder: gern unterwegs, gesellig, unterhaltsam, ja, auch ein bisschen faul. Sie waren, was wir noch werden wollten und wurden: echte Genießer.

Lasst uns also beim nächsten Treffen wieder eine Flasche Arak bestellen. Aber nicht mehr die kleinste. Mittlerweile kann sich jeder von uns eine große leisten.

HEJ JUNGS, FRIEDE ÜBER EUCH

سلام يا شباب

HUMMUS MIT PINIENKERNEN UND HACK

أبو سليمان العزيز

LIEBER ABU SULAIMAN,
wir haben einiges gemein: Auch deine Mutter starb früh, und hinterlassen hat sie dir eine Sehnsucht nach hausgemachten Spezialitäten. Aber du hast bemerkt, dass sich die Zeiten ändern: Junge Frauen wollen nicht mehr nur auf die Küche beschränkt bleiben, sie haben andere Ziele. Deine Ehefrau, sagtest du, mag selbst nicht mehr stundenlang über den Töpfen schwitzen. Das ist auch gut so. Aber wer bewahrt den Geschmack des Hausgemachten, wenn nicht die Hausfrauen? Was aus den Fabriken kommt, da sind wir uns einig, schmeckt selten gut, ist mit künstlichen Farbstoffen versetzt, ein Abklatsch.

Bevor du deine Lebensmittel-Manufaktur Judi bei Damaskus eröffnetest, hast du deshalb mit Tanten und anderen Verwandten gesprochen. Wie muss etwas typischerweise schmecken? Und wie erreicht man diesen Geschmack, auch in großen Mengen? Erst dann hast du dich an die Produktion gemacht: 26 verschiedene Marmeladen, von der Aprikosen- bis zur Rosenmarmelade, ein Dutzend eingelegter Gemüse, Granatapfelessig und vieles mehr kommen heute aus deiner Fabrik.

Die lästigen Arbeiten, das Schälen oder Zerkleinern, übernehmen Maschinen. Der Rest aber ist und bleibt Handarbeit: Artischocken oder Tomaten werden von Hand in Gläser eingelegt und nur mit Salz, Wasser und Essig haltbar gemacht, wie früher auch. Und im Sommer glänzen auf dem Dach deiner Firma unzählige Schüsseln mit leuchtender Aprikosenpaste, die von der Sonne auf maximal 55 Grad erhitzt wird. Keine Aromastoffe, kein aggressives Erhitzen. Nur umgerührt wird regelmäßig – von Hand natürlich. Bis die Marmelade perfekt ist.

Die Tanten und Verwandten lädst du auch heute noch ein, damit sie probieren und Tipps geben. Du hast bewiesen, dass man traditionelle Methoden und Fortschritt vereinen kann. Dafür gebührt dir mein Respekt und meine Anerkennung.

DEIN FREUND HANNA SALIBA

صديقك هنا صليبا

HANNA SALIBA, Jahrgang 1950, schrieb als Junge oft Briefe – im Namen verliebter Schulfreunde an deren Herzensdamen. Eine Frau, die bis heute sein Herz höherschlagen lässt, ist Mutter Zeineh (oben). In Hamburg betreibt der Gastronom das Restaurant **Saliba Alsterarkaden,** Neuer Wall 13, Tel. 040/34 50 21. Neuerdings besitzt er auch ein kleines, persönliches Hotel in Damaskus, www.beti-betak.com, und nimmt Gruppen mit auf eine kulinarische Reise durch seine Heimat; 12 Tage inkl. Flug und Halbpension ab 2480 € p. P., www.saliba.de.
In Damaskus empfiehlt Saliba besonders:

Al Assil – Mix Grill Salibas Lieblingsrestaurant, unspektakulär vom Ambiente, sensationell die Vorspeisen von Innereien bis zum gegrillten Kebab Tijara Corniche. Im christlichen Viertel, Tel. 00963-11/445 54 00.
Beit Jabri Ein ehemaliges Wohnhaus mit zauberhaftem Innenhof, besonders gut: Minzlimonade und der wechselnde Mittagstisch. Al-Sawaf-Straße, Tel. 00963-11/541 62 54.

Iskanderon Zwei Tische, acht Stühle, aber in diesem Imbiss wird noch echte Kebab-Kultur gepflegt. Bestes Fleisch direkt vom Schlachter. Nähe Pakistan-Straße.
Naranj Ist nicht, wie oft behauptet, das beste Restaurant der Stadt, aber ordentlich. Und vortrefflich geeignet, die Damaszener Szene zu beobachten. Gegenüber der Marienkirche, Altstadt, Tel. 00963-11/541 34 44.
Das Schlaraffenland liegt in der Straße **El Midan**: Restaurants, Imbissstände und die besten Patisserien der Stadt reihen sich hier aneinander. Für Süßigkeiten: **Abu Arab Haider;** für Innereien: **Al Mahaba.**
Weitere Hanna-Saliba-Tipps für Damaskus, Palmyra, Hama, Aleppo und Latakia unter www.geo-special.de/syrien-jordanien.

GEO-Magazine – Sie haben die Wahl

Destination: GEO-Wunschmagazine mit bis zu 13% Ersparnis!

Reiserollentasche
- bequemer 2-stufiger Teleskop-Zuggriff
- extragroße Leichtlaufrollen
- aus strapazierfähigem Polyester
- Maße: ca. 55 x 26 x 35 cm

GRATIS dazu!

- ✓ Ein Geschenk gratis!
- ✓ Lieferung frei Haus!
- ✓ Ein oder mehrere Magazine zur Wahl!

✓ **Ja, ich möchte mein/e GEO-Wunschmagazin/e!**

1. Faszinierende Erkundungen – je Heft ein Land, eine Region oder eine Stadt.
2. Aufwendige Reportagen über den Zustand der Welt.
3. Die großen Themen der Allgemeinbildung – visuell opulent, leicht verständlich.
4. Die schönsten Reiseziele der Welt – einladend und informativ.
5. Auf den besonderen Spuren der Geschichte.
6. Rätsel, Bastelspaß und Spiele – für Kinder von 5 bis 7 Jahren.
7. Spielerisch-sympathisch lernen – für Kinder von 8 bis 14 Jahren.

GEO Special erscheint 6x jährlich zum Preis von zzt. € 6,95 statt € 8,00 im Einzelkauf mit 13% Ersparnis. Best.-Nr.
☐ für mich **704 054**
☐ als Geschenk **704 055**

GEO erscheint 12x jährlich zum Preis von zzt. € 5,65 statt € 6,30 im Einzelkauf mit 10% Ersparnis. Best.-Nr.
☐ für mich **704 056**
☐ als Geschenk **704 057**

GEOkompakt erscheint 4x jährlich zum Preis von zzt. € 7,75 statt € 8,50 im Einzelkauf mit 9% Ersparnis. Best.-Nr.
☐ für mich **704 058**
☐ als Geschenk **704 059**

GEOSAISON erscheint 12x jährlich zum Preis von zzt. € 4,40 statt € 5,00 im Einzelkauf mit 12% Ersparnis. Best.-Nr.
☐ für mich **704 060**
☐ als Geschenk **704 061**

GEO EPOCHE erscheint 6x jährlich zum Preis von zzt. € 8,00 statt € 9,00 im Einzelkauf mit 11% Ersparnis. Best.-Nr.
☐ für mich **704 062**
☐ als Geschenk **704 063**

GEOmini erscheint 12x jährlich zum Preis von zzt. € 2,60 statt € 2,90 im Einzelkauf mit 10% Ersparnis. Best.-Nr.
☐ für mich **704 066**
☐ als Geschenk **704 067**

GEOlino erscheint 12x jährlich zum Preis von zzt. € 3,05 statt € 3,40 im Einzelkauf mit 10% Ersparnis. Best.-Nr.
☐ für mich **704 070**
☐ als Geschenk **704 071**

Name, Vorname _____ Geburtsdatum 19__
Straße, Hausnummer _____
PLZ ____ Wohnort _____
Telefon (für evtl. Rückfragen) _____ E-Mail (für evtl. Rückfragen) _____

☐ Ja, ich bin damit einverstanden, dass GEO und Gruner + Jahr mich künftig per Telefon oder E-Mail über interessante Angebote informieren.

Ich bestelle die oben ausgewählte(n) Zeitschrift(en) aus der GEO-Familie für mich bzw. den Beschenkten. Zum Dank für meine Bestellung erhalte ich nach Zahlungseingang gratis die Edelstahl-Thermoset. Die Lieferung aller Hefte erfolgt frei Haus. Ich gehe kein Risiko ein, denn ich kann nach einem Jahr jederzeit kündigen. Das Geld für bezahlte, aber nicht gelieferte Ausgaben erhalte ich zurück. Dieses Angebot gilt nur in Deutschland. Auslandspreise auf Anfrage.

Widerrufsrecht: Die Bestellung kann ich innerhalb der folgenden zwei Wochen ohne Begründung beim GEO-Kunden-Service, 20080 Hamburg, in Textform (z.B. Brief oder E-Mail) oder durch Rücksendung der Zeitschrift widerrufen. Zur Fristwahrung genügt die rechtzeitige Absendung.

Ein oder mehrere Magazine aus der GEO-Familie als Geschenk erhält:
(Bitte nur ausfüllen, wenn Sie ein oder mehrere GEO-Magazine verschenken.)

Name, Vorname _____
Straße, Hausnummer _____
PLZ ____ Wohnort _____

Ich zahle bequem und bargeldlos per Bankeinzug
Geldinstitut _____
Bankleitzahl _____ Kontonummer _____

X _____
Datum, Unterschrift

Bestellen leicht gemacht:

Per Post: GEO-Kunden-Service, 20080 Hamburg

Per Telefon: (Bitte Bestell-Nr. angeben) **01805/861 80 00**
14 Cent/Min. aus dem dt. Festnetz, max. 42 Cent/Min. aus dem dt. Mobilfunknetz. Abonnenten-Service Österreich und Schweiz: +49 1805/861 00 00

Am schnellsten geht's online: **www.geo.de/familie**

Die Lufthoheiten

Zweimal täglich lassen Syriens Taubenzüchter ihre Tiere in den Himmel steigen. Von dort sollen sie möglichst viele fremde Tauben in den eigenen Schlag zurückbringen. Ein Spiel, in dem es längst nicht nur um Lösegeld geht

FOTOS ¬ JOHN WREFORD TEXT ¬ EVA LEHNEN

Ahmad Diab Idrees ist Herr über rund 400 Tauben. Sie seien für ihn wie Opium, wie eine Sucht, sagt der 29-Jährige, der in Aleppo den Ruf eines hervorragenden Taubengenerals genießt

DER WEG IN DEN GEFECHTSSTAND des Taubengenerals führt über eine wackelige Holzleiter aufs flache Dach des Hauses. Ahmad Diab Idrees, genannt Abu Diab, öffnet die Türen des Schlags und ruft seine Krieger zum Appell. Ein Vogel nach dem anderen hüpft mit kurzen Flügelschlägen ins Freie: ein gurrendes, gefiedertes Heer in grauen, weißen, schwarzen und braunen Uniformen. Es wartet auf Abu Diabs Kommando. Ein schriller Pfiff, ein Händeklatschen, und schon steigen die *asakir*, die Soldaten, auf. Wenige Augenblicke später hat sich am Himmel über Aleppo ein Geschwader von etwa 40 Vögeln formiert. Wirft sich der Sonne entgegen. Zieht immer weitere Kreise. Lauert auf den Feind.

Es herrscht Krieg hoch über den Dächern und Minaretten von Bab Al Neirab, einem Gewimmel halb fertiger Wohnhäuser aus unverputztem Beton. In den staubigen Gassen des Viertels kennt jedes Kind Abu Diabs Namen. *Hmemati*, Taubenmann, nennen sie einen wie ihn. Mit seinen 29 Jahren hat Abu Diab schon viele Schlachten erfolgreich geschlagen. Er gilt als einer der Besten seiner Zunft.

Und er weiß um seinen Ruf. Stolz reckt er den dichten Schnauzbart in die Morgenluft und verfolgt den eleganten Flug der Vögel. Abu Diabs Vater, Großvater, Urgroßvater – alle waren sie Taubenmänner. Und es scheint, als habe sich in der Familie die Liebe zu den Vögeln über die Generationen potenziert. Wenn Abu Diab auf dem Dach steht und gestikuliert, breitet er seine Arme in die Luft, als seien es Schwingen, die sich nach langen Tagen des Wartens im engen Schlag endlich wieder entfalten dürfen. Beim Sprechen zuckt er mit dem Kopf wie ein Täuberich, der gebieterisch über sein Revier wacht. „Tauben sind wie Opium. Sie sind eine Sucht. Ihre Schönheit ist von Gott gemacht", sagt er. Rund 400 Vögel besitzt Abu Diab. Verlässliche Brieftauben, seltene Zuchttauben, Alttiere, Junge – und natürlich die Soldaten, seine ausdauerndsten Flieger.

Plötzlich startet von einem Dach ganz in der Nähe ein zweiter Schwarm. „Ahmads Tauben," ruft Abu Diab aufgeregt. „*Jalla*. Es geht los!" Angreifen und Gefangene machen – darum geht es jetzt. Seine Flieger sollen in die Linien der Feinde eindringen, sich unter sie mischen und dann, wenn die beiden Schwärme wieder auseinanderstieben, möglichst viele gegnerische Geiseln in den heimischen Schlag ziehen. Hoch in der Luft zeigt sich, wer seine Tiere besser gedrillt hat: Ahmad oder er. Werden die Abfangjäger ihre Mission erfüllen? Werden sie schlag- →

Die Jagd beginnt: Mit einer roten Flagge gibt Abu Diab seinen Tauben das Signal, einen fremden Schwarm anzugreifen

Markt der Eitelkeiten: Hals- und Beinschmuck betonen den Wert einer Taube

fürchtet. Am Abend zuvor erst haben seine Krieger neun fremde Tauben mit in den eigenen Schlag gebracht. Und dann? „Oh, wir hatten ein leckeres Barbecue", sagt er und grinst so breit, dass ihn die Enden seines Schnauzbarts fast an den Ohren kitzeln. Dass er den Fang über Holzkohle im Hof seines Hauses grillt, kommt allerdings eher selten vor. Taubenjäger geben ihre Beute normalerweise dem Besitzer zurück – gegen ein saftiges Lösegeld, versteht sich. Oder sie verkaufen die entführten Vögel an andere Taubenzüchter. Allein in Aleppo gibt es mehrere Dutzend Cafés – viele öffnen erst nach Sonnenuntergang –, in denen sich Taubenmänner treffen und ihre Tiere handeln. Auf dem Suk Al Jumma, dem Freitagsmarkt vor den Toren der Stadt, bieten Liebhaber mehrere Hundert Euro für besonders schöne Exemplare.

SEIT ER TAUBEN IN DEN HIMMEL SCHICKT, hat Abu Diab selbst erst 50 Vögel verloren, wie er sagt. Über die Zahl der erbeuteten Feinde, die er zu Geld gemacht hat, will er längst den Überblick verloren haben. Seit er, der Anstreicher, sich bei einem Unfall am Knie schwer verletzte, sichern die Geschäfte mit den Vögeln das Auskommen seiner vierköpfigen Familie.

„Da!" Abu Diab zeigt in den Himmel. Wo ein Laie mit ungeschultem Auge gerade einmal flatternde Pünktchen ausmachen kann, erkennt er ganz genau, dass sich drei Vögel des Nachbarn von seinem Schwarm haben mitreißen lassen. Mit flinken Schritten verschwindet er im Schlag, greift nach einem weißen Taubenweibchen, hält es an den Beinen fest, streckt es gen Himmel und lässt es flattern: das Zeichen für seine Vögel, zurück nach Hause zu fliegen. Es dauert nicht lang, bis seine Tauben samt der drei Geiseln landen. Sofort lässt Abu Diab ein Netz über sie niedersausen, betrachtet die drei braun-weißen Fremdlinge und wirft ihnen eine Handvoll Maiskörner hin.

Die Henkersmahlzeit vor dem nächsten Taubenbraten? „Was ich mit den Gefangenen mache, ob ich sie behalte oder weiterverkaufe, wie viel ich für sie verlange oder ob ich sie grille – das hängt ganz von ihrem Besitzer ab", sagt Abu Diab und lächelt ein wenig undurchsichtig. Nach einer Pause fügt er hinzu: „Ahmad ist ein guter Freund."

Doch der scheint sich nicht so sicher zu sein, dass sein Federvieh mit dem Leben davonkommt. Keine zehn Minuten sind seit dem Manöver vergangen, da steckt Ahmad Idrees, Abu Diabs Cousin, den Kopf durch die Luke und will die Entführten auslösen. „Habibi, ich wusste, es würde nicht lang dauern, bis du kommst", ruft Abu Diab. Die Männer umarmen sich, küssen sich rechts und links auf die Wangen. Dann: Pokerface. „3000", sagt Abu Diab.

treu sein – oder sich vom gegnerischen Schwarm entführen lassen? *Kassas hamam*, Taubenkrieg: So heißt dieser Wettkampf am Himmel.

„Es ist ein sehr niedriges Gewerbe, dem sich nur der gemeinste Pöbel der Müßiggänger hingibt", schrieb der syrische Rechtsgelehrte Gamal Al Qasimi (1866–1914) über die Leidenschaft der Taubenhalter – meist Männer aus unteren sozialen Schichten, deren Sport bessere Kreise traditionell ächteten. Schon im 11. Jahrhundert hatte der Herrscher des Abassidenreichs, Kalif Al Muqtadi von Bagdad, das Wettstreiten mit den Tauben verbieten lassen. Aussagen der Taubenmänner galten vor Gericht nichts. Trotzdem ist der *kassas hamam* in Syrien und vielen Nachbarländern bis heute beliebt. Ob in der Hauptstadt Damaskus, in Hama oder eben in Aleppo: Man muss nur in den Himmel blicken, um zu sehen, wie lebendig die uralte Tradition immer noch ist. Auch wenn viele Syrer Männern wie Abu Diab nicht recht trauen. Es heißt, von den Dächern richteten sich die Augen der Taubenmänner nicht nur gen Himmel, sondern auch nach unten, in die Häuser der Nachbarn, um dort einen Blick auf fremde, unverhüllte Frauen zu erhaschen.

Abu Diab gefällt, dass man ihn in der Nachbarschaft nicht nur bewundert, sondern auch ein wenig

Umschwärmte Runde: In den Taubencafés Aleppos treffen sich Züchter zum stundenlangen Fachsimpeln

Ahmad reckt sein Kinn nach vorn und schnalzt mit der Zunge. „Auf gar keinen Fall", heißt das. Tausend syrische Pfund, etwa 16 Euro, will er zahlen, für alle drei. „Gut, 2000, weil du es bist", sagt Abu Diab. Ahmad schüttelt den Kopf: „1500." Abu Diab hält inne. „Habibi, weißt du was? Neulich habe ich schon die Vögel deines Bruders erwischt. Nimm die deinen umsonst wieder mit."

Die beiden Männer hocken sich im Schatten der Dachmauer auf den Boden. Aus einer Ecke holt Abu Diab eine Wasserpfeife, gestopft mit Apfeltabak. Seine junge Frau reicht durch die Dachluke Gläser mit zuckrigem schwarzem Tee. Weiter heraus wagt sie sich nicht. Die Dächer Syriens sind den Männern vorbehalten. „Aishe", sagt Abu Diab, „ist eifersüchtig, wenn ich abends nicht herunterkomme, sondern hier oben bei meinen Vögeln schlafe."

Er verschwindet erneut im Taubenschlag, wo er vorsichtig nach seiner Lieblingstaube greift, Habaschi Asfar: eine Gelbe Äthiopierin. Die Augen, die Färbung des Gefieders, die Anzahl der Schwanzfedern, die Länge der Beine, die im Idealfall genau mit der Schwanzspitze abschließen – darauf kommt es bei Zuchttauben an. „Um nichts in der Welt würde ich sie hergeben", sagt Abu Diab über seine Äthiopierin. Er hat ihr sogar Schmuck gekauft. Fußringe aus Plastik. Selbst güldene Geschmeide für Tauben sind in den Suks von Aleppo zu erstehen. Doch Abu Diab hält nicht viel vom Glitzerkram. „Das lenkt nur ab. Mit teurem Schmuck kann man eine völlig durchschnittliche Taube wertvoll aussehen lassen. Das ist Pfusch."

Später, als sich die Sonne über Aleppo langsam senkt, verrät er, dass auch er selbst der Schönheit seiner Kostbarkeiten ab und zu auf die Sprünge hilft: Mit einer Rasierklinge schnitzt er krumme Taubenschnäbel nach, manchmal gar geht er in die Drogerie und kauft Haarfärbemittel, um damit das Gefieder der Vögel aufzuhübschen. Etwa 350 Euro gibt Abu Diab pro Monat für Make-up, Medizin und Futter aus. Etwa die gleiche Summe, die er, seine Frau und die zwei Kinder zum Leben haben. ∎

Fotograf **John Wreford** lebt schon lange in Damaskus, Autorin **Eva Lehnen** berichtet seit 2009 aus dem Nahen Osten. Auf Streifzügen durch Aleppo fielen ihr die Formationsflüge der Tauben auf – das Thema ist ihr also buchstäblich „zugeflogen".

Schillernd schön wie Seifenblasen ziehen diese Mädchen los. Mit Aufziehschlüssel, falls ihnen die Puste ausgehen sollte

Anfangs hielt man sie schlicht für verrückt, mittlerweile kommen Tausende, um mit ihnen zu feiern: Die Bewohner des Dorfes Marmarita haben den Karneval nach Syrien geholt und verteidigen ihre närrische Freiheit mit immer aufwendigeren Paraden. Alaaf al Arabia!

FOTOS ¬ **ANASTASIA TAYLOR-LIND** TEXT ¬ **ROLAND SCHULZ**

ES IST ZWEI STUNDEN NACH MITTERNACHT, als Amjad Hanna Zweifel kommen. Dem Pfau fehlen noch alle Federn, der Elefant hat nur ein Ohr, der Sonnenwagen keine Strahlen und der Rest des Karnevalszugs keine Reifen. Stahlruten stechen aus den Gerippen halb fertiger Gerüste, die längst hätten Prunkwagen sein sollen, überall am Boden liegen Draht, Holz und Glasfaser, bei jedem Tritt knirscht und knackt es. Fast hätten die Flügel der Engelskostüme Feuer gefangen, weil manche Helfer inzwischen so betrunken sind, dass sie ihre Zigaretten am Schweißbrenner anzünden, wenn sie im Wahnsinn dieser letzten Nacht ihre Feuerzeuge nicht mehr finden. Noch zwölf Stunden. Sie haben noch zwölf Stunden. Amjad Hanna zweifelt, ob sie es schaffen.

Er hat seit zwei Tagen nicht geschlafen, wie die meisten jungen Männer des Dorfes Marmarita. Seine Augen tränen. Seine Bewegungen sind fahrig, sein Händedruck ist ohne Griff. Er hat keinen Tropfen getrunken, aber die Erschöpfung lässt ihn wie einen Tanzbären taumeln. Er steht zu Füßen des haushohen Pfaus, der laut Plan der erste Prunkwagen sein soll, und beobachtet seine Freunde, die, mit Federboas behängt, versuchen, dem Kopf des verdammten Vogels endlich Federn anzukleben. „Wir werden es schon schaffen, wir werden es schon schaffen", sagt Hanna. Seine Freunde und er haben einen Ruf zu verlieren.

Seit 1972 feiert das syrische 5000-Seelen-Dorf Marmarita seinen Karneval, immer im August, immer am Abend vor Mariä Himmelfahrt. Was als kleine Karawane kostümierter Esel begann, ist inzwischen ein Umzug geworden, der sechs Stunden dauert. „Wir sind in der gesamten arabischen Welt berühmt", sagt Hanna. Al Dschasira war da, der arabische Nachrichtensender, außerdem CNN, das türkische Fernsehen, das libanesische, und sogar Kamerateams aus Saudi-Arabien kamen, angelockt von der Aussicht auf ausgefallene Bilder: Zehntausende Besucher, die Karneval feiern! Aber ja, auch mit Alkohol!

„Angefangen hat es mit einer verrückten Idee", sagt Hanna. Er ist 24 Jahre alt, er war damals noch gar nicht geboren. Aber er kennt diese Geschichte; wie jeder junge Mann in Marmarita, der sie Jahr für Jahr vor dem Karneval von Neuem hört. Es war ein heißer Sommer im Wadi Al Nasara, dem „Tal der Christen", wie die von Kirchen und Kreuzritterburgen geprägte Region im Westen Syriens heißt. Die Gegend, vor der Gebirgskette des Dschebel Ansariye gelegen, wurde aus zwei Gründen gerühmt: wegen der Gelehrtheit ihrer vor allem christlichen Bewohner, die Marmarita den Spitznamen „Dorf der 500 Doktoren" eingetragen hatte – und aufgrund ihres angenehmen Klimas, das selbst die Höllenglut syrischer Sommer erträglich machte. Viele der syrischen Auswanderer, die sich seit der Zeit der Osmanen in die Welt aufgemacht hatten, stammten aus dem Tal der Christen. Immer im Sommer pflegten sie nach Syrien zurückzukehren, um der alten Heimat zu beweisen, wie weit sie es gebracht hatten.

Höhepunkt der Heimkehr war Mariä Himmelfahrt, ein Hochfest für die orthodoxen wie für die katholischen Christen des Tals. So geschah es 1972: Eine Gruppe nach Brasilien ausgewanderter Syrer auf Heimaturlaub kam am Abend vor Mariä Himmelfahrt auf die Idee, verkleidet durchs Dorf zu reiten, und zwar auf Eseln. „Man →

muss wissen: Die waren betrunken", sagt Hanna. Es sind keine Fotos von diesem ersten aller Karnevalszüge überliefert, aber in der Erinnerung des Dorfes blieb haften, dass die Esel leere Bierdosen hinter sich herzogen. „Die Reiter waren sehr betrunken damals", sagt Amjad Hanna. „Aber es gefiel allen so gut, dass sie im nächsten Jahr weitermachten." Eine Tradition war geboren.

In der Luft liegt der dumpfe Geruch der Klebepistolen, vor Amjad Hannas Augen stieben Federn und Flaum in vielen Farben, aber der Pfau ist immer noch nackt. Aus einer Feierlaune heraus haben sie erst an den Flügeln, dann am Kopf, dann wieder an den Flügeln und schließlich an einem anderen Wagen weitergearbeitet. Nur noch acht Stunden. Hanna zieht ein verwaschenes Blatt Papier hervor, auf dem ein geflügelter Prunkwagen zu erahnen ist. Ist aus dem Internet. Hat ein Kumpel ausgedruckt. Es ist ihr einziger Bauplan für den Pfau: ein Foto. „Wir sehen uns an, was sie in Rio de Janeiro machen, in Venedig, in Köln", sagt Hanna. „Wo ist das her?", brüllt er in das Chaos, das ihn umgibt. „Ah, Notting Hill Carnival." Ist auch egal. Hauptsache, der verdammte Vogel wird fertig.

ZWEI MONATE ZUVOR hatten die Männer von Marmarita begonnen, sich auf den Karneval vorzubereiten. In den Internetcafés mogelten sie sich an den Sperren vorbei, mit denen der syrische Staat versucht, seinen Bürgern den Zugriff auf Webseiten zu verstellen, die offiziell als schädlich gelten. Dort, auf verbotenen Seiten wie YouTube oder Facebook, suchten sie nach Vorbildern für ihre Wagen. Im Dorf zogen sie von Haus zu Haus, um Geld für ihre Pläne zu sammeln. Ihr Hauptquartier schlugen sie im Innenhof des aufgelassenen Klosters des Heiligen Petrus auf. Im Zentrum der Vorbereitungen standen vier Männer: Amjad Hanna und sein Busenfreund Mudar Isaak, beide gerade fertig mit dem Maschinenbau-Studium, kümmerten sich um die Planung. Zaher Yazji und Shadi Jakob, zwei 37-jährige Veteranen des Karnevals, die eigens dafür →

Das Prachtexemplar von Pfau, in letzter Minute fertig geworden, soll den Karnevalszug anführen. Seine Erbauer müssen ihm nur noch mit vereinter Kraft Flügel verleihen

Vor dem Grau Marmaritas nimmt der bonbonbunte Zug Aufstellung. Dass die Sonne strahlt, ist der Nachtschicht zu verdanken, die fast alle hinter sich haben

ihren Jahresurlaub nahmen, besorgten den Bau der Wagen. Zusammen gaben die Männer ein prächtiges Bild ab: Zwei schlaksige Jünglinge, die die verwuschelten Frisuren von ihnen verehrter Popstars trugen, auf ihren Handys laute englische Musik hörten und weder rauchten noch tranken, arbeiteten Seite an Seite mit zwei stämmigen Mannsbildern, die im Unterhemd am Schweißgerät standen, ihre Zigaretten gleich am Stumpen der alten anzündeten und als ersten Arbeitsschritt eine Kiste Arak ins Kloster geschleppt hatten. In Marmarita war man sicher: Gegen diese Mannschaft kommen die Nachbardörfer nicht an.

DIE ANDEREN DÖRFER IM TAL waren die Angst und der Antrieb Marmaritas. „Wir sind nicht mehr die einzigen mit einem Karneval", sagt Amjad Hanna. Als die Männer Marmaritas Anfang der 1980er Jahre begannen, außer Eseln auch Autos zu kostümieren und in einem Korso bis ins nahe Kafrah zu fahren, wurden sie verspottet. „Alle sagten: Jetzt sind sie vollkommen verrückt geworden", sagt Hanna. Doch dann wuchs der Karneval. Die ersten, die mit Ehrgeiz an die Sache gingen, waren Familien mit reicher Verwandtschaft im Ausland, die das Fest als Bühne für ihren Erfolg begriff und den Bau eigener Familienwagen bezahlte. Dann entdeckten die Priester den Karneval. Man reihte die Muttergottes in den Korso ein, aus Gründen der Ökumene doppelt, eine Madonna der Katholiken, eine der Orthodoxen. Schließlich sprang auch der syrische Staat auf und schickte Marschkapellen sowie Abordnungen der Regierungspartei, die ihre Wagen mit den Konterfeis von Vater und Sohn Assad zu schmücken pflegten. Das Fernsehen kam, und in seiner Folge trafen Touristen ein, sogar aus der Türkei. Der Karneval war eine Attraktion geworden. „Und dann machten es uns alle nach", sagt Hanna.

Im Jahr 2000 hielt das Nachbardorf Kafrah, keine fünf Autominuten entfernt, einen eigenen Karnevalszug ab, am gleichen Tag wie Marmarita, aber vier Stunden früher. Dann fing Habnemra an. Dann Mashta Azar. „Keinen Schimmer vom Kar- →

Im Innenhof eines verlassenen Klosters erhält das Seitenteil eines Prunkwagens seine finale Feder. Weniger aufwendig, dennoch beflügelnd: die Kostüme der Schmetterlingskinder

neval haben die", sagt Hanna. „Ihre Wagen sind ein Witz." Er hat Späher ausgeschickt, um sicherzugehen. Die Konkurrenz hat zu einer Aufrüstung im Karneval geführt. Ließ Marmarita Loblieder dichten, die das Dorf als Herz des Christentals priesen, konterte Kafrah mit eigenen Karnevalsongs. Programmierten Auswanderer aus Marmarita ihrer Heimat eine Homepage, um auch in der Fremde Bilder des Karnevals ansehen zu können, hatte Habnemra bald auch eine. Deswegen dieses Jahr der Pfau. Die anderen Dörfer sollen vergehen vor Neid.

ES IST TAG GEWORDEN. Im Licht des späten Morgens stieben Funken durch den Klosterhof, Shadi Jakob stutzt mit einem Winkelschleifer den Schwanz des Pfaus zurecht. Sie haben sein Federkleid fast fertig. Noch sechs Stunden. Mehr und mehr Menschen kommen ins Kloster, manche tragen schon Kostüme. Abgesandte der Familien, die einen eigenen Wagen finanzieren, treten zu Hanna, um ihren Platz im Korso zu erfahren. Er und seine Kompagnons sind die einzigen, die alle Wagen im Dorf kennen.

Die meisten Familien bauen im Geheimen. Familie Mallaohy hat 2000 Dollar von einem Vetter aus Katar bekommen, man munkelt von einem Wagenzug der Kontinente, die Dayoubs sollen sich einen Helikopter schweißen, und dann sind da noch Sally Nahas und ihre Freundinnen. Sally Nahas lebt in Chicago. Sie ist 16 Jahre alt und ein Leuchtturm der Mode in Marmarita: Wenn sie sommers in die Heimat kommt, weht für die jungen Mädchen der Wind der Welt durchs Dorf, sie beobachten genau, was Sally trägt und vor allem: wie. Angeblich sollen Sally und ihre Freundinnen als Barbies auftreten, mit einem eigenen Lied und einem eigenen Tanz. Aber Hanna schweigt alle an, die ihn ausfragen wollen. Noch vier Stunden.

Jede Klebepistole, jede Nähmaschine und jeder Schraubenzieher ist nun im Einsatz, im Innenhof des Klosters drängen sich Menschen, die arbeiten, Menschen, die trinken, Menschen, die trinkend arbeiten, und solche, die nur mal sehen wollen, wie der Wahnsinn wohl dieses Jahr ausgehen wird. Handys klingeln in tausend Tönen, Order werden gebrüllt und widerrufen, Teile von Prunkwagen hin und her getragen, ein Strudel aus Begeisterung und zielloser Geschäftigkeit, den Hanna in Bahnen zu lenken versucht. Dann kommen die Kinder. Es sind vor allem Clowns. Und Piraten. Viele Chinesen, ein Haufen Marienkäfer, dreimal Superman, ein Zorro und eine sprechende Fernbedienung, die ihren Freund, den Fernseher, der wegen des sperrigen Styroporkostüms wenig sieht, an der Hand führen muss. Irgendjemand lässt Knallfrösche vom Dach des Klosters fallen, der von einem Volltrottel schon im Innenhof zusammengeschraubte Sonnenwagen passt nicht mehr durch das Klostertor, und die Eiswürfel für den Arak sind aus. Hanna achtet darauf, höflich zu bleiben. Noch zwei Stunden.

Eine Stunde brauchen sie, den Pfau fertig zu bauen. Eine weitere, die Teile aller Wagen aus dem Kloster zu tragen. Hanna arbeitet mit der Gelassenheit desjenigen, dessen Ungeduld längst von Erschöpfung erstickt worden ist. In den Straßen des Dorfes stauen sich schon die Schaulustigen, Syrer aus Homs, aus Latakia und sogar aus Damaskus, die auf den Zug der zehn großen Prunkwagen warten.

Als alle Wagen am Hang hoch über dem Dorf ankommen, an dem die Parade ihren Anfang nehmen soll, ist Hanna zur Freude nicht mehr fähig. „Irgendwie haben wir es jedes Jahr geschafft", sagt er. Noch ein paar Einweisungen, damit die Muttergottes nicht neben einer fahrenden Champagnerflasche durchs Dorf ziehen muss, und dann ist es so weit.

An der Spitze des Zuges gibt Hanna ein Zeichen. Shadi Jakob, der den Pfau ziehen wird, setzt eine Sonnenbrille auf, damit keiner seine verquollenen Augen sieht, legt einen Munitionsgurt um, den er mit Gurken statt Patronen geladen hat, steckt eine Flasche Schnaps in den Gürtel und nickt Hanna zu. Dann mal los. ∎

Die Ankunft von **Anastasia Taylor-Lind**, 29, und **Roland Schulz**, 34, in Marmarita sprach sich schnell herum. Immer wieder kamen Abgesandte verschiedener Familien, die darauf bestanden, ihren Festwagen zu präsentieren. Und wer am Tag des Umzugs noch nicht wusste, wer die beiden waren, erfuhr es: Das Karnevalskomitee kündigte das GEO-Team als Ehrengäste an. Per Lautsprecherwagen.

service

Die GEO-Special-Route

In Aleppo landen, in Amman abfliegen – und dazwischen möglichst viel sehen und erleben: GEO-Special-Reporter sind für Sie vorausgereist und haben ihre Entdeckungen in einer Tour gebündelt

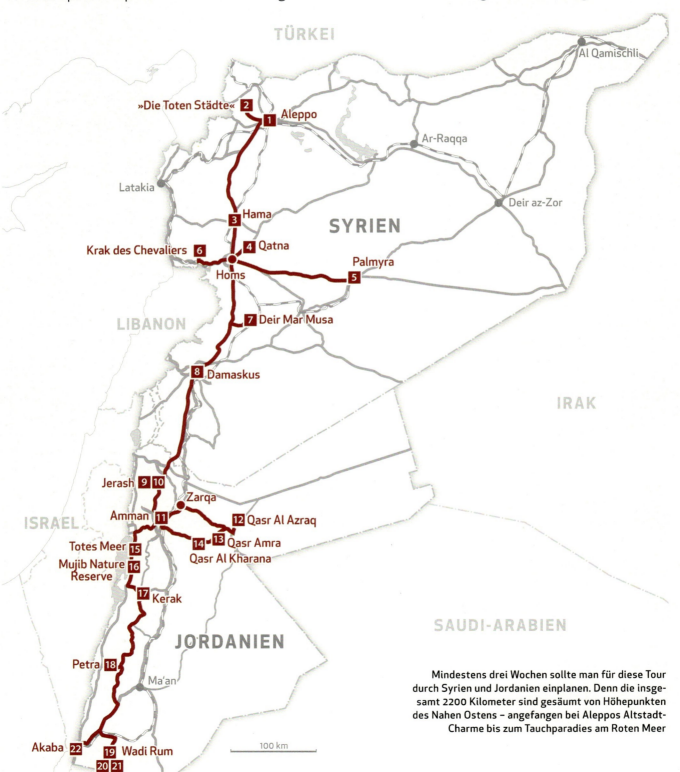

Mindestens drei Wochen sollte man für diese Tour durch Syrien und Jordanien einplanen. Denn die insgesamt 2200 Kilometer sind gesäumt von Höhepunkten des Nahen Ostens – angefangen bei Aleppos Altstadt-Charme bis zum Tauchparadies am Roten Meer

ROUTE

Erste bis dritte Station

ERSTE STATION: ALEPPO
Raus aus dem Flugzeug, rein in den Kulturschock – am besten im angeblich zwölf Kilometer langen Suk von **Aleppo (1)**, dem wohl größten Basar des Vorderen Orients. Auf jeden Fall kaufen: Aleppseife mit Olivenextrakt. Und essen: Fleisch mit Kirschen, „Kebab karaz", im Altstadtrestaurant Kaser Al Wali, www.kaseralwali.com. Übernachten: Dar Zamaria in der Altstadt, DZ ab 112 €, www.darzamaria.com. Oder, heruntergekommen, aber charmant: Baron Hotel, ältestes Hotel der Stadt beim Nationalmuseum, wo schon Lawrence von Arabien nächtigte (Baron-Straße, Tel. 00963-21/211 08 80, DZ ab 60 €, nur Barzahlung!).

ZWEITE STATION: DIE TOTEN STÄDTE
Lunchpaket einpacken und per Taxi Richtung Westen (gut verhandeln, maximal 50 € am Tag), ins nordsyrische Kalksteinmassiv zu den **Toten Städten (2)**: gut 800 Ruinendörfer, die im 7. Jahrhundert verlassen wurden. Höhepunkte: Ruinen des Simeon-Klosters und die Basilika Mushabbak, eine der wichtigsten byzantinischen Kirchen.

DRITTE STATION: NACH PALMYRA
In Richtung Süden, mit Abstecher nach **Hama (3)**, um dort die riesenhaften Wasserräder zu sehen, dann weiter über Homs nach Tell Mishrife: Erst seit Herbst 2010 sind hier die Königsgräber von **Qatna (4)** zu besichtigen, die spektakulärste Ausgrabung der letzten Zeit. Nur getoppt von **Palmyra (5)**, Syriens eindrucksvoller Ruinenstadt – und der Sicht von der Terrasse des Zenobia-Cham-Palace-Hotels direkt an den Ruinen (kleine DZ ab 62 €, Tel. 00963-31/591 81 23).

Vierte und fünfte Station

VIERTE STATION: ÜBER KRAK DES CHEVALIERS INS KLOSTER
Zurück von Palmyra über Homs zum **Krak des Chevaliers (6)**, der Burg aller Burgen. Ein Erlebnis: Freitags wimmeln die alten Kreuzrittergemäuer von fröhlich picknickenden Syrern. Danach entweder weiter nach Damaskus – oder völliges Kontrastprogramm für bescheidene Ruhesuchende: ins christliche Kloster **Deir Mar Musa (7)**. Per Taxi zu erreichen, dann zu Fuß 15 Minuten den Berg hinauf. Einfache Betten (www.deirmarmusa.org, Schlafsack mitbringen!), größte Ruhe, unvergessliche Sonnenaufgänge. Gegen Spende (Geld oder Lebensmittel) und Mitarbeit kostenlos. Allein Pater Paolo ist den Besuch wert.

FÜNFTE STATION: DAMASKUS
Ein Muss: Sich auf dem Suk Al Hamidiya in Damaskus in der Eisdiele **Bakdash (8)** ein Pistazieneis genehmigen – und zuschauen, wie Männer mit besenlangen Stößeln die Eiscreme schlagen. Wer genug vom Trubel hat: Ruhe in der Omaijaden-Moschee suchen oder gleich mit dem Taxi auf den Dschebel Qasiun fahren, in einem der Cafés eine Wasserpfeife bestellen und auf die Stadt hinabschauen. Abendessen: im gediegenen Al Khawali in der Geraden Straße, bekannt für seine Vorspeisen und Fruchtsäfte, Tel. 00963-11/222 58 08. Saure Spezialität: „Laimun bi Nana", Zitronensaft mit Minze.

service

Sechste und siebte Station

SECHSTE STATION: ÜBER JERASH NACH AMMAN
Mit dem Minibus oder per Taxi über die Grenze nach Jordanien. Unbedingt Ausreisesteuer von ca. 500 SYP (8 €) bereithalten, nur in Landeswährung! Das jordanische Visum gibt es an der Grenzstation (unter Umständen nur mit langer Wartezeit, 22,50 €). Auf dem Weg nach Amman: Abstecher nach **Jerash (9)**, eine der am besten erhaltenen römischen Städte überhaupt. Informationen, auch zu anderen Zielen unter www.visitjordan.com. Nicht abschrecken lassen vom Trubel und Müll im vorderen Teil der Stadt, hinten wird es besser. Amüsant: täglich Wagenrennen und Gladiatorenspiele in der **Arena (10)**, www.jerashchariots.com. In **Amman (11)** die Zitadelle besuchen, mit Panoramablick über die Hügel der Stadt. Danach hinunter zum römischen Theater. Kleiner Akustik-Gag: Die Pfeilmarkierung im Boden finden, draufstellen und lossingen – ein Soundeffekt wie Dolby Surround! Jung und modern: die Rainbowstreet mit ihren Cafés und Restaurants. Abends: Chic essen im Fakhr El-Din, www.fakhreldin.com; beim Kellner einfach „Gemischte Vorspeisen" bestellen und sich positiv überraschen lassen.

SIEBTE STATION: WÜSTENSCHLÖSSER
Tagesausflug per Auto von Amman aus zu drei Wüstenschlössern im Osten. Die Straße Richtung Zarqa einschlagen, dann nach Azraq: Nahe der Oase liegt **Qasr Al Azraq (12)**, eine schwarze Basaltfeste, deren Vorläufer bis in römische Zeit zurückreichen. Hier schmiedete einst Lawrence von Arabien seine Pläne. Tipp: Die drei Tonnen schwere Steintür am Eingang bewegen, sie läuft in ihren Steinscharnieren wie geschmiert. Dann weiter nach **Qasr Amra (13)**, erbaut 711 und immer noch strahlend schön. Wer damals hier rastete, fand sogar Badehaus und Fußbodenheizung vor. Die Fresken an den Kuppeldecken zeigen Jagdszenen, Athleten, Tänzer – und halb nackte Frauen. Zuletzt: 16 Kilometer westlich von Amra die wuchtigen Mauern von **Qasr Al Kharana (14)**, einst ein Beduinentreffpunkt. Die auffälligen Mauerschlitze sind keine Schießscharten. Durch sie pfeift der Wind, damals wie heute eine wohltuende natürliche Klimaanlage.

Achte und neunte Station

ACHTE STATION: TOTES MEER UND MUJIB NATURE RESERVE
Nach dem Trubel Ammans: sich wie ein Korken treiben lassen, und zwar im **Toten Meer (15)**. Schwimmen hier ist – unmöglich. Tipp: für 42 € eine Tageskarte im Mövenpick Resort & Spa Dead Sea kaufen; von dort Zugang zum Meer, mit allen Annehmlichkeiten wie Duschen, Essen, Massage, www.moevenpick-hotels.com. Oder eine Wanderung im **Mujib Nature Reserve (16)**, dem tiefstgelegenen Naturschutzgebiet der Erde. Eine Herausforderung ist die Tour durch das von April bis Oktober überflutete Wadi – nur für Sportliche (und nicht für Nichtschwimmer!). Am besten mit Führer, zu buchen bei Wild Jordan, einer Organisation der Royal Society for the Conservation of Nature, www.rscn.org.jo. Übernachtung in einem der Mujib-Chalets der RSCN mit Blick über das Tote Meer, Tel. 00962-7/97 20 38 88, DZ ab 69 €.

NEUNTE STATION: ÜBER KERAK NACH PETRA
Weiter über die Königsstraße Richtung Süden, mit Umweg über die Kreuzritterburg **Kerak (17)**. Erhellender Tipp: Taschenlampe mitnehmen, die Räume sind teils stockdunkel. Eine gute Stunde weiter Richtung Süden: **Petra (18)**, die Stadt im Fels. Bleiben Sie mindestens zwei Tage (siehe auch Seite 32–41).

ROUTE

Zehnte und elfte Station

ZEHNTE STATION: WADI RUM
Kenner empfehlen im **Wadi Rum (19)** mindestens zwei Übernachtungen – dann wird man selbst „so ruhig wie die Wüste". Noch ruhiger fühlt man sich mit einem guten Guide. Unter www.jordanjubilee.com zuverlässige Führer; ansonsten offizielle Guides für verschiedene Ausflüge am Visitor Center buchen, www.wadirum.jo (siehe auch Seite 64–71). Nicht verpassen: einen Ausflug in den Süden von Wadi Rum zur Felsbrücke **Umm Fruth (20)** oder, noch spektakulärer, jene von **Dschebel Burdah (21)**.

ELFTE STATION: AKABA
Nach dem Sand ans Meer: Wracktauchen in **Akaba (22)**, siehe Seite 137, entspannen am Strand des Roten Meers. Wer es trockener mag: Rundflüge im Mikro-Zweisitzer bietet der Royal Aero Sports Club, www.royalaeroclub.com, 20 Minuten für 42 €. Übernachten: z. B. im Kempinski, wo alle Zimmer Meerblick haben, www.kempinski-aqaba.com, DZ ab 170 €. Zurück über die Königsstraße nach Amman, zum Queen-Alia-Flughafen.

Check in

✈ EINREISE
Syrien. Flug: zum Beispiel Fly Germania von Berlin-Tegel über Aleppo nach Damaskus, ab 258 €. Visum: in der Syrischen Botschaft in Berlin erhältlich, www.syrianembassy.de/Syrian Site/HVisa_Bstim.html, ca. 26 €. Mindestens drei Wochen vor Abreise beantragen! Achtung: Mit israelischem Stempel im Pass gibt es kein Visum. Rechtzeitig Ersatzpass beantragen! Und zwei komplette Passkopien mitnehmen, manchmal wird danach gefragt. **Jordanien.** Flug: zum Beispiel von Frankfurt nach Amman mit Royal Jordanian Airlines oder Turkish Airlines, ab 455 €. Visum: für 14 Tage direkt bei der Einreise am Flughafen, 30 JD in Landeswährung (in Pauschalreisen enthalten).

☎ VORWAHL
00963 für Syrien, 00962 für Jordanien. Anrufe nach Deutschland sind extrem teuer. Deshalb: in Internetcafés über Skype telefonieren.

☀ REISEZEIT
März bis Juni sowie Oktober bis November. Der Winter kann kalt werden, Schnee ist in Syrien keine Seltenheit; die Sommer sind sehr heiß mit Temperaturen um 40 Grad Celsius. Zeitverschiebung: MEZ + 1 Stunde.

€ WÄHRUNG
Syrien. 1 € = 61 Syrische Pfund (SYP); umgangssprachlich spricht man jedoch von Syrischen Lira! **Jordanien.** 1 € = 0,93 Jordanische Dinar (JD, englisch ausgesprochen). Für beide Länder gilt: In größeren Städten lässt sich problemlos Geld mit EC-Karte abheben. Hotels akzeptieren Kreditkarten.

ⓘ SPEZIALANBIETER
BIT Travel Solutions, www.bit-travelsolutions.de; **Chamäleon Reisen,** www.chamaeleon-reisen.de; **Conti-Reisen,** www.conti-reisen.de; **DAV Summit Club,** www.dav-summit-club.de (nur Jordanien); **DIAMIR Erlebnisreisen,** www.diamir.de; **Djoser Reisen,** www.djoser.de; **Gebeco,** www.gebeco.de; **Kneissl Touristik,** www.kneissltouristik.at; **Moneypenny,** www.moneypenny.de; **Profi Team Reisen,** www.arabienspezialist.de; **Oasis Travel,** www.oasis-travel.de; **Studiosus,** www.studiosus.com; **Tour Serail,** www.brunswig.info; **Trails,** www.trails-reisen.de (nur Jordanien); **Via Verde,** www.via-verde-reisen.de; **Wikinger Reisen,** www.wikinger-reisen.de, **World Insight,** www.world-insight.de.

service   EINSTIMMUNG

Bücher, DVDs, Links & Apps

- **Rafik Schami:** *Eine Hand voller Sterne.* dtv, 1995, 7,90 €. Orientromantik in Tagebuchform. Ein 15-jähriger Bäckerssohn erzählt von den Abenteuern in der Altstadt von Damaskus. Poetisch, manchmal lustig, aber auch Angst einflößend.
- **Hanna Saliba, Lutz Jäkel:** *Salibas Welt.* Umschau, 2008, 34,90 €. Der syrische Feinschmecker Saliba verrät seine Rezepte: Lamm auf Feigen-Walnuss-Sauce etwa oder Taube glasiert mit Kastanienhonig. Dazu: Reportagen aus seiner Heimat.
- **Volker Perthes:** *Geheime Gärten.* Bundeszentrale für Politische Bildung, 1 €. Der Direktor der Stiftung Wissenschaft und Politik erklärt spannend entscheidende Entwicklungen der arabischen Welt.
- **Nihad Siris:** *Ali Hassans Intrige.* Lenos, 2008, 18,50 €. Wie lebt ein Schriftsteller, der nicht schreiben darf? Siris erging es wie seiner Romanfigur: einem Autor, der sich weigert, Propaganda zu betreiben.
- **Königin Noor:** *Im Geist der Versöhnung.* List, 2004, 9,95 €. Mehr als nur Palastgeflüster: Eine junge Amerikanerin verliebt sich in Jordaniens König Hussein I – und wird seine vierte Ehefrau. Königin Noors Autobiografie ist Familiengeschichte und Weltpolitik in einem.
- **Muriel Brunswig-Ibrahim:** *Syrien.* Reise Know-How-Verlag, 2009, 23,50 €. Detailverliebt, in Syrien verliebt – ein Reiseführer, der auch Unkundige sicher und unterhaltsam durchs ganze Land geleitet.
- **Frank Rainer Scheck:** *Jordanien. Völker und Kulturen zwischen Jordan und Rotem Meer.* DuMont Reiseverlag, 2010, 25,90 €. Man sieht nur, was man kennt. Mit diesem Kunstreiseführer entdeckt man überall Spuren der lebendigen Geschichte Jordaniens – und vermag sie zu lesen.

DVDS

- *Captain Abu Raed.* 16,99 €. Jordaniens erster internationaler Filmerfolg: die Geschichte eines einsamen Mannes, den Nachbarskinder für einen viel gereisten Piloten halten. Er spielt mit, bis alles auffliegt. Ergreifend!
- *Morgenland. Geheimnisse der islamischen Welt.* 18,99 €. Oder als Beilage der Ausgabe GEO Special Syrien und Jordanien mit DVD, 15,90 €. Aufwendiger Dreiteiler über den Aufstieg des Islam, seine Gaubensrichtungen, seine Bedeutung in der Welt.

LINKS

- www.visitjordan.de und www.syriatourism.org Fast so gut wie Reiseführer – die Seiten der beiden nationalen Tourismuszentralen.
- www.jo.jo und www.forwardsyria.com Zwei gesellschaftskritische Seiten über (Jugend-)Kultur, Politik, Trends und Termine. Englisch, auch als Printausgaben im Land erhältlich.
- www.joshualandis.com Er weiß Bescheid: Der US-amerikanische Syrien-Experte Professor Joshua Landis bloggt über aktuelle Ereignisse.
- www.soukmagazine.de Preisgekrönte Website junger deutscher Journalisten über den Nahen Osten. Schön: der interaktive Gang durch die Altstadt von Damaskus mit Slideshows und Interviews.
- www.zenithonline.de Nicht nur Krisen und Konflikte zählen – Zenith berichtet differenziert über den Orient. Auch als Magazin am Kiosk.

APPS

- **Islamic compass.** 2,99 €. Augenweide und Wegweiser: Egal wo man sich befindet – diese App fürs iPhone zeigt, in welcher Richtung Mekka liegt und wann es Zeit zum Beten ist (www.islamiccompass.com)

Jetzt im Handel

Wo Sie den Zimmerservice rufen, damit er Sie mal zwickt: Europas beste Hotels.

Weitere Themen

Shanghais Glitzerwelt •
Frankreichs alte Grafschaften •
Venedigs Wintermärchen •

www.geo-saison.de

Lust auf Reisen. Mit GEO

service

Fünf unvergessliche Erlebnisse

Schon vermeintlich einfache Dinge wie Taxifahren oder Feilschen können in Syrien und Jordanien zum Abenteuer werden – GEO Special verrät, wie Sie erfolgreich an Ihr Ziel kommen. In jeder Hinsicht

1. Erlebnis: Schlammbaden

Ich solle höllisch aufpassen, hatte man mich gewarnt, damit das nicht passiere. Doch schon ist es geschehen: Ich berühre mit meinen Salzwasserfingern die Augen. Es brennt, als hätte sich das ganze Tote Meer in sie ergossen. Sofort halte ich mein Gesicht unter den Strahl der Stranddusche, die gleich neben dem Schlammkübel steht. Erleichterung. Also alles noch einmal, und jetzt mit Vorsicht: Ich greife mit beiden Händen tief in den Kübel, packe den Matsch erst auf die Knie, pappe dann meinen Körper langsam nach oben hin voll, bis ich aussehe wie ein schlammiger Urmensch. Dabei bin ich nicht allein, in unserer kleinen Gruppe haben wir einen Höllenspaß und klatschen uns den Heilmatsch gegenseitig auf den Rücken. Nach einer halben Stunde ist es so weit: Wollte der Schlamm erst nicht trocknen, zwängt mich die Kruste nun ein wie ein Panzer. Zu dick aufgetragen, denke ich beim Duschen und scheuere mir mit Mühe alles wieder herunter. Jetzt kommt der beste Teil: eincremen, ins Badetuch einhüllen, hinlegen und die samtweiche Haut genießen. *Gerd Krauskopf*

NACHMACHEN

Die Hauptstraße von Amman führt nach einer T-Kreuzung direkt zu einer Reihe von Top-Hotels, die gleich am Toten Meer liegen – und fast den gesamten Strand einnehmen. Der Rest des Ufers besteht aus salzverkrusteten Felsen. Zum Glück gewähren die Hotels in der Regel auch Nichtgästen Zutritt zu ihrem Strandbereich (außer manchmal in der Hochsaison), gegen eine Gebühr ab 15 €. Am besten vorher anrufen und nachfragen, etwa im
▪ **Dead Sea Spa Hotel**, www.jordandeadsea.com, Tel. 00962-5/356 10 00, oder im
▪ **Jordan Valley Marriott Resort & Spa**, www.marriott.com/qmdjv, Tel. 00962-5/356 04 00.
Einziger öffentlicher Strand:
▪ **Amman Beach**, Eintritt 16 €, mit Swimmingpool, Restaurant und Kinderspielplatz.

Nichts für Schwarzmaler: ein Schlammbad am Toten Meer macht Spaß – und weiche Haut

ERLEBNISSE

2. Erlebnis: Taxi fahren

Den ersten Satz, den Sie auf Arabisch lernen sollten: „Schael al addad, min fadlaq!" – Mach bitte den Taxameter an! Denn Taxis sind im Orient überlebenswichtig, und die Fahrer wissen das. Und bis man entziffert hat, wo der richtige Bus abfährt, ist er genau das: abgefahren. Schlimmer noch: Wer einmal mit einem Taxifahrer um den Fahrpreis gestritten hat, will es nie wieder tun. Also Taxameter an oder den Preis vor Fahrtbeginn aushandeln (mehr als 250 Lira innerhalb von Damaskus und drei JD innerhalb von Amman wird es nie kosten), dann einsteigen. Männer nehmen neben dem Fahrer Platz, Frauen immer hinten. Dann folgt die Verständigung über das Ziel. Man sagt dem Fahrer, wohin man möchte. Er: „Ma fi muschkile" – kein Problem. Und dann rast er in die falsche Richtung los. Der Grund? Er kennt den Weg nicht. Aber ein Taxifahrer in diesen Gefilden würde das nie zugeben, Berufsethos. Stattdessen wird er das arabische Navigationssystem benutzen: jede Minute halten, das Fenster herunterkurbeln und Passanten fragen. So tastet er sich Straße für Straße voran, bis einer sagt: Sie haben das Ziel erreicht. Deswegen mitdenken, keine Straßennamen, sondern am besten das angepeilte Viertel plus Moschee nennen oder ein anderes berühmtes Gebäude nahe dem Ziel. Wichtig für die Stimmung: Small Talk. Der Fahrer wird fragen, woher Sie kommen. „Min almania" ist die Antwort, die sein Herz öffnet, denn alle Taxifahrer lieben Deutschland. Am besten, man schießt noch ein „Ana uhibu suria!" hinterher – Ich liebe Syrien! Dann hat man einen Freund gefunden – und kommt auch sicher an.

Simon Hufeisen

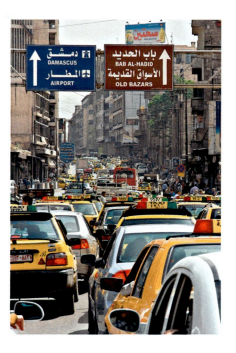

NACHMACHEN

Wer in Damaskus ist, sollte mit dem Taxi auf den Dschebel Qasiun fahren: die Aussicht! Wichtig: vom Berg wieder hinabzufahren, wird teuer. Oder anstrengend. Denn die wenigen Taxifahrer auf dem Berg haben eine gute Verhandlungsbasis. Deswegen sollte man bis zur nächsten größeren Kreuzung zu Fuß laufen und dort ein Taxi heranwinken.

service

Der Basar von Aleppo gilt als einer der weltgrößten – das schafft mancher Käufer nur per Motorrad

3. Erlebnis: Auf dem Suk feilschen

Das Ding will ich haben: einen Wanderstock aus Nussholz, mit Silbergriff in Form eines Fischs. Er baumelt neben der Eingangstür eines Ladens im Suk Al Hamidiya von Damaskus. Wie in Syrien üblich, klebt kein Preisschild daran. Um den Preis wird gefeilscht. Und wer das nicht beherrscht, der zahlt drauf. Regel Nummer eins: Nicht anmerken lassen, auf was man es abgesehen hat, sonst schießt der Preis sofort in die Höhe. Und grimmig gucken. Zuerst greife ich eine goldene Teekanne, beäuge sie, drehe sie, rüttle etwas am Deckel und verziehe abschätzig die Mundwinkel. Der Verkäufer hat mich nun entdeckt und kommt aus seinem Laden. Also ich, ohne aufzusehen: „Adesch hatha?" – Wie viel kostet das? 700 Lira, antwortet er. Etwa elf Euro – viel zu teuer, das weiß auch er. Egal, weiter. Das Gleiche noch einmal mit einer Glaslampe, und dann langsam an den Wanderstock heranpirschen. Ich nehme den Stock in die Hand, prüfe ihn, als entstammte ich einer jahrhundertealten Dynastie von Wanderstock-Aficionados, und frage nach dem Preis. Der Verkäufer trocken: „2500" – 40 Euro. Was nun beginnt, sind die üblichen Spiele.

Jetzt ist es wichtig, dreist zu sein, schließlich geht es auch um die Ehre. Also gleich den Preis halbieren, mindestens. Ich sage 800. Der Verkäufer lacht. Ich sage, ich habe den Stab gestern ein paar Läden weiter günstiger gesehen. Er verdreht die Augen: „Faddalu!" – Dann geh doch dorthin. Ich bin empört. Erzähle, wie oft ich hier einkaufe. Eine Lüge. Schon fällt der Preis um 100 Lira. Ich bleibe stur: „La" – Immer noch zu teuer. Also tue ich so, als würde ich gehen. Nur ein paar Schritte. „Tamam", ruft der Verkäufer – in Ordnung, 1500. Jetzt habe ich ihn, denn nun kommt mein Trumpf, ein Satz meines Arabischlehrers: Ich runzle die Stirn, blicke leidend, als würde der Händler mir meinen letzten Cent rauben, und sage: „Min hon la hon?" Eine Redewendung, die so viel wie „zwischen uns beiden" bedeutet. Doch diesmal nutzt sie nichts. „La, Habibi", blockt der Händler – nein, mein Lieber. Ein wirklich harter Brocken.
Im Laufe der Zeit habe ich mir angewöhnt, den Betrag, den ich ausgeben möchte, vorab abgezählt in meine Hosentasche zu stecken. Das hat mir ein Freund verraten, der feilschen kann wie ein armenischer Teppichhändler.

Der Effekt ist grandios, man kann mit Geld winken und dabei die leere Hosentasche herausstülpen. Gesten sind oft wichtiger als Worte. Also der Hosentaschentrick. 1300, sagt der Verkäufer genervt, sein letztes Angebot. Ich lenke ein und zaubere noch einen Schein aus der anderen Hosentasche. Fast die Hälfte heruntergehandelt, das ist selten. Ein gutes Gefühl.
Ein einziges Mal nur habe ich den Preis um keinen Cent drücken können. Ich bestellte einen Anzug beim Schneider. Bei einem Armenier, der keinen Millimeter nachgab. Am Ende konnte ich ihm zusätzlich zum Anzug ein maßgeschneidertes Hemd abringen. Wenigstens das.

Simon Hufeisen

NACHMACHEN

Die wichtigsten Arabisch-Vokabeln zum Handeln und das Feilschen selbst kann man bei Dr. Ahmad Zahra in Damaskus lernen:
■ **Sprachinstitut Arabeske**, Tel. 00963-11/ 651 40 98, www.arabisch-in-damaskus.de. Eine Woche individueller Crashkurs in Alltagssituationen kostet 250 €, mit Unterkunft 350 €.

ERLEBNISSE

4. Erlebnis: Tauchen in Akaba

Im Leben hätte ich das nicht erwartet. Nach Jordanien geht man wegen der Wüste, wegen der Tempel von Petra, vielleicht noch wegen des Toten Meeres – aber doch nicht wegen des kleinen Fetzens Küste am Roten Meer, eingequetscht zwischen Israel, Ägypten und der ewigen Wüste Saudi-Arabiens. So kann man sich irren. Seit Jahren reise ich nun rund ums Rote Meer, ich war überall, auch in Eilat, der israelischen Hafenstadt, die direkt an Akaba grenzt. Dort ist unter Wasser nichts mehr zu sehen. Keine Riffe. Keine Fische. Alles mausetot. Als ich dann vor Akaba ins Meer sprang und abtauchte, konnte ich es nicht fassen: Knapp unter der Wasseroberfläche sah ich Korallengärten, Millionen bunter Fische, Schildkröten ruderten an mir vorüber. Wer tiefer abtaucht, stößt auf versenkte Schiffe – sogar auf einen russischen Panzer, keine 50 Meter vom Strand entfernt. Man sagt, König Abdullah II sei ein passionierter Taucher, deswegen ein solches Refugium. Weite Teile der Küste sind heute Naturschutzgebiet. *Urs Möckli*

NACHMACHEN

Jordanien verfügt zwar über lediglich 27 Kilometer Küste, doch die sind unvergleichlich vielfältig. Die Wassertemperatur im Roten Meer schwankt zwischen 22 Grad im Winter und 28 Grad im Sommer – ideale Voraussetzungen für rund 230 Korallen- und 1000 Fischarten. Die Auswahl an Tauchbasen in Akaba ist groß. Eine Übersicht liefert:
- **Aqaba Marine Park Visitor Center**, www.aqabamarinepark.jo.

Empfehlenswert sind:
- **SinaiDivers**, www.sinaidivers.com, mit neuestem Equipment: einmal abtauchen inklusive Bootstour und Ausrüstung ca. 50 €.

Kurse und Tauchgänge nach internationalen Sicherheitsstandards bieten auch an:
- **Royal Diving Club**, www.rdc.jo,
- **Aqaba International Dive Center**, www.aqabadivingcenter.com, und
- **SeaStar Water Sports** im Hotel Alcazar, www.aqabadivingseastar.com.

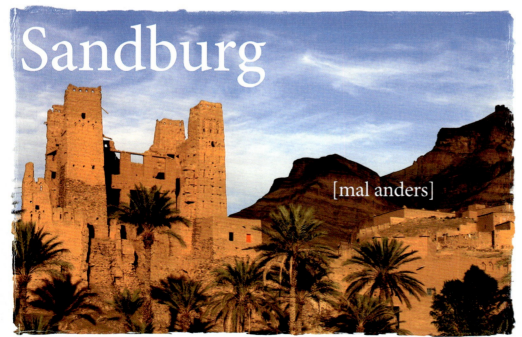

Sandburg [mal anders]

Sandburgen sind Werke der Fantasie. Und doch übertrifft die Wirklichkeit jedes Strandkunstwerk. Denn die Welt ist voller Wunder. Djoser weiß wo. Unsere 160 preiswerten Rundreisen in mehr als 100 Länder zeigen Ihnen die faszinierendsten Winkel. Ohne Gruppenzwang. Dafür mit Abenteuern und viel Freiheit für Touren nach eigenem Geschmack. So entdecken Sie den Planeten auf Ihre Weise. Und machen ihn unvergänglich.
Katalog gratis: www.djoser.de | 0221 – 920 158 0

Reisen auf andere Art

service

5. Erlebnis: Wadiwandern

Wadi Wala

WADI WALA/WADI HIDAN
Es ist absolut still im Wadi Wala. Kurz hinter dem Dorf Dhiban, nahe Madaba, beginnt unsere neun Kilometer lange Wanderung in eine riesenhafte Schlucht. Deren Wände sind dunkel, schwarzer Basalt und erkaltete Lava. Die heißen Basaltplatten lange zu berühren schmerzt in den Fingerkuppen. Wasser sickert in unsere Schuhe. Wir durchqueren den Fluss, der sich seinen Weg durch die Schlucht bahnt. In großen Steinbecken lädt er im Frühjahr zum Baden ein, an einigen Stellen kann er durchschwommen werden – und dort, wo die Felsen ihm das Fortkommen erschweren, gebärdet er sich wie wild. Das sind die spannenden Stellen! Mit Seil und vereinten Kräften hangeln wir uns die Wasserfälle hinunter. Sie sind wahre Naturtalente für Hals- und Rückenmassagen. Nach vier Stunden werden wir mit dem Anblick des gewaltigsten Wasserfalls belohnt; mit seinen knapp 80 Meter Fallhöhe einer der höchsten in Jordanien.

NACHMACHEN

Im Gebiet südlich des Toten Meeres verbergen sich unzählige Wadis, ideal zum Wandern und Klettern: Mit ihren unterschiedlichen Schwierigkeitsgraden für Spaziergänger und Extremsportler sind sie ein lohnendes Ziel. Geführte Touren am besten buchen über
■ **Explore Jordan**, Kontakt-E-Mail: just_co2@yahoo.com. Termine auf der Facebook-Seite des Veranstalters; von Februar bis Oktober in der Regel freitags geführte Touren, je nach Schwierigkeitsgrad zwischen 27 und 37 € inkl. Bustransfer von Amman, Verpflegung, Ausrüstung, Führung; Nach Absprache auch indivi-

ERLEBNISSE

verschiedenfarbigen Sandsteinschichten und urzeitlichen Felsformationen, die man zu sehen bekommt. In knöchel- bis wadenhohem Wasser geht es durch meterhohe Steinhöhlen und enge, gewundene Schluchten. Nehmen Sie sich Zeit, rasten Sie auf einer sonnenbeschienenen Sandbank, fühlen Sie einen Gedanken in sich wachsen: Wer das Wadi Neumeira erlebt hat, wird süchtig nach größeren Abenteuern.

MITTELSCHWER

Wadi Hasa: Eine Verzauberung durch wunderschöne Naturkulisse. Vorbei an Steinriesen in changierenden Rottönen führt der Weg immer tiefer in die Schlucht hinein. Auf jedem Meter wird man Zeuge faszinierender Erdgeschichte und bestaunt die Pflanzenwelt dieser Urzeit-Oase. Ein bisschen abenteuerlustig sollte man sein, denn der Fluss verlangt Trittsicherheit, eine Prise Wagemut und vor allem Lust darauf, einen ganzen Tag lang gegen den Strom zu kämpfen.

ANSPRUCHSVOLL

Wadi Zarqa Ma'in: Wie eine warme, pulsierende Ader schlängelt sich der wilde Fluss durch den engen Spalt im Sandsteinmassiv. Diese Wanderung fordert alles: Kraft, sich Stufe um Stufe die steile Schlucht hinaufzukämpfen; Vertrauen, sich durch tiefe Becken und geheimnisvolle Höhlen treiben zu lassen; Mut, die steilen Felswände zu bezwingen, die plötzlich und schier unüberwindbar aufragen. Aber wer sich der Herausforderung stellt, wird auf jedem Meter reichlich belohnt. *Nikolin Weindel*

duelle Wanderungen möglich. Achtung: einige Wadis sind von Mitte November bis Ende März geschlossen. Weitere Veranstalter:
- **Tropical Desert,** http://tropicaldeserttrips.com,
- **Tareef Biking & Hiking,** Kontakt über Facebook oder per E-Mail an nader.cycle@gmail.com.

Buchtipp: Di Taylor, Tony Howard, „Jordan. Walks, Treks, Caves, Climbs & Canyons, Cicerone". Übersichtliche und genaue Beschreibung der Touren, Anfahrtsbeschreibungen, Koordinaten.

EINFACH

Wadi Numeira: Etwa zweistündige Wanderung an einem ruhigen Flusslauf. Besonders reizvoll: die

Wadi Hasa

Orient

Flüge ab Frankfurt/München/Berlin/Wien/Linz/Sbg./Graz/Innsbr.

Höhepunkte Syriens
4. - 13.3., 16. - 25.4., 5. - 14.10., 21. - 30.10., 26.12.11 - 4.1.2012 Flug, Bus, meist ****Hotels/HP, Eintritte, RL: Dr. A. Geiger (1. und 2. T. - Archäologin) **ab € 1.690,--**

Libanon - Syrien
17. - 26.4., 28.10. - 7.11.2011 Flug, Bus, meist ****Hotels/HP, Eintritte, RL: Mag. Peter Brugger (1. T. - Geograf) **ab € 2.020,--**

Jordanien - Syrien
17. - 26.4.2011 Flug, Bus, meist ****Hotels/HP, Geländewagenfahrt, Eintritte, RL: Mag. Gerhard Buchinger **ab € 1.930,--**

Jordanien - Syrien
4. - 20.10., 14. - 30.10.2011 Flug, Bus, meist ****Hotels/HP, Eintritte, RL: Mag. P. Toplack (1. T.) **ab € 2.670,--**

Jordanien intensiv
15. - 25.4., 26.12.11 - 5.1.2012 Flug, Bus, Geländewagen, ** u. ****Hotels/HP u. 1x Zelt-Camp/HP, Eintritte, RL: Mag. G. Wagemann **ab € 1.790,--**

Oman Rundreise
Mit der Halbinsel Musandam
4. - 13.3., 16. - 25.4., 28.10. - 6.11., 18. - 27.11.2011, 26.12. - 4.1.2012 Flug, Bus, Schiff, Geländefahrzeuge, meist *** u. ****Hotels/meist HP, Eintritte, RL: Mag. E. Gabriel (1. Termin - Geograf) **ab € 2.630,--**

Faszination Persien
15. - 23.4.2011 Flug, Bus, *** und ****Hotels/HP, Eintritte, RL: Dr. Hubert Wawra **ab € 2.180,--**

Wandern am Sinai
17. - 24.4., 29.10. - 5.11.2011 Flug, Geländefahrzeug, 4x Hotels/NF und 3x Nächtigung unter dem Sternenzelt/VP, Gepäcktransport, Eintritt, RL **ab € 940,--**

Kneissl Touristik Zentrale
☎ +43 (0)7245 20700

Wien 1, Bäckerstr. 16, 01 5126866
Wien 9, Spitalg. 17a, 01 4080440
St. Pölten, Linzer Str. 2, 02742 34384
Salzburg, Linzer G. 33, 0662 877070
www.kneissltouristik.at

service

Beim nächsten Mal …

JORDANIEN

1 *Gerhard Eder, 34, mit Monika Knaus, Bischofshofen, Österreich*
… fahre ich nur noch tagsüber Auto. Der Verkehr ist die absolute Hölle. Plötzlich kommen einem Geisterfahrer entgegen, und viele Fahrer sind auch im Dunkeln ohne Licht unterwegs.

2 *Andreas Peschke, 45, mit Corinna, 42, und Greta, 11, Mönchengladbach*
… würde ich mir in jedem Restaurant vorher den genauen Preis sagen lassen, falls es gar keine oder keine englischsprachige Karte gibt. Einmal mussten wir für Vorspeisen, Brot und Kebab pro Person 33 Euro zahlen. Auch ein Taxi direkt vor dem Hotel sollte man nie nehmen. Lieber ein paar Meter weiter gehen.

3 *Severin Kehrer, 22, Köln*
… reise ich wieder im Sommer. Alle Reiseführer empfehlen das Frühjahr, weil es im Sommer zu heiß sei. Heiß ist es – aber man hat die Sehenswürdigkeiten für sich.

4 *Tina Bossert, 24, Winterthur, Schweiz*
… wohne ich in Amman lieber in einem der billigeren Hostels in der Innenstadt als in einem riesigen Hotel 20 Minuten außerhalb. Das sah von außen zwar toll aus, aber von der Stadt hat man dort nichts mitbekommen.

SYRIEN

5 *Johan Holm, 29, Stockholm, Schweden, mit Simon Götestrand, Aalburg, Dänemark*
… buche ich das Hotel „Beit Rose" in Bab Toma, ein ganz altes Damaszener Haus, in dessen Innenhof ein Springbrunnen plätschert. Es hat nur eine Handvoll Zimmer, ist nicht groß – aber erstklassig. Und noch ein Vorteil: Kreditkarten werden akzeptiert.

6 *Brigitte Bosquillon, 53, Paris, Frankreich*
… schaue ich mir wieder einen Sonnenuntergang über dem Euphrat an. Mein Tipp: In Deir az-Zor spannt sich eine alte Brücke über den Fluss, dort kann man in einem Restaurant sitzen, während die Sonne versinkt.

7 *Rolf Haase, 63, mit Joachim Jakobi, Hannover*
… will ich unbedingt noch einmal Palmyra sehen. Diese Ruhe, die Weite des Ruinenfeldes: großartig! Wenn man per Mietwagen unterwegs ist: Direkt an den Mauern des Baal-Tempels liegt ein Garten mit Restaurant – und Stellplätzen für Campingwagen oder Zelte. So hat man Palmyra am Abend für sich allein.

service

KARTE

TREFFEN SIE UNS

REISEN IST seit genau drei Jahrzehnten unsere Leidenschaft, rund ums Jahr kreisen wir um nichts anderes. Dabei sammeln wir Erfahrungen, lernen Tricks, die das Reisen erleichtern, wissen, welche Ziele sich lohnen und welche bald Trend sein könnten. Haben Sie Lust, das aus erster Hand zu erfahren? Die Reporter und Experten von GEO Special, GEO SAISON und dem „Stern" stehen Ihnen am 12. und 13. März 2011 auf der weltgrößten Reisemesse Rede und Antwort: der ITB in Berlin, www.itb-berlin.de. Was macht gute Reisefotos aus? Wohin im nächsten Sommer? Wie entsteht eine Titelgeschichte, ein ganzes Heft? Informieren Sie sich – und feiern Sie mit uns Geburtstag. Sie treffen uns in Halle 9, Stand 314. Wir freuen uns auf Sie.

Für GEO Special unterwegs – und auf der ITB: Autorin Amrai Coen und Redakteur Ariel Hauptmeier (u. l.)

GEO SPECIAL

Gruner + Jahr AG & Co KG, Druck- und Verlagshaus,
Am Baumwall 11, 20459 Hamburg.
Postanschrift für Verlag und Redaktion:
Briefach 24, 20444 Hamburg.
Telefon 040/37 03-0, Fax 040/37 03 56 48.
E-Mail: briefe@geo.de
Internet: www.GEO.de

CHEFREDAKTEUR: Peter-Matthias Gaede
GESCHÄFTSFÜHRENDE REDAKTEURE:
Meike Kirsch (Redaktionsleitung),
Ruth Eichhorn (Fotografie), Jutta Krüger (Art Direction)
ART DIRECTION: Beate Meding
CHEFS VOM DIENST: Antje Wischow; Rainer Droste (Technik)
TEXTREDAKTION: Kirsten Bertrand (Heftkonzept);
Ariel Hauptmeier, Markus Wolff
BILDREDAKTION: Anja Jöckel, Markus Seewald;
Maria Irl, Sabine Stein (freie Mitarbeit)
VERIFIKATION: Tobias Hamelmann (freie Mitarbeit),
Andrea-Rebecca Flörke; Mathias Unger
KARTOGRAPHIE: Thomas Wachter
SCHLUSSREDAKTION: Antje Wischow
SEKRETARIAT: Maren Heidorn, Elke Rehländer-Stöhr, Hella Strepp
BILDSEKRETARIAT: Doris Paulini
HONORARE/SPESEN: Angelika Györffy
BILDADMINISTRATION UND -TECHNIK: Stefan Bruhn
MITARBEITER DIESER AUSGABE: Jörg-Uwe Albig,
Christoph Dreyer, Achim Ellmer, Tobias Hamelmann, Simon Hufeisen,
Maren Keller, Nadja Klinger, Gerd Krauskopf, Sebastian Kretz,
Eva Lehnen, Urs Möckli, Dora Reale (Layout), Hanna Saliba, Roland
Schulz, Nikolin Weindel, Harald Willenbrock, Anne Wittmer
VERANTWORTLICH FÜR DEN REDAKTIONELLEN INHALT:
Peter-Matthias Gaede

REDAKTIONSBÜRO NEW YORK: 535 Fifth Avenue, 29th floor,
New York, NY 10017

VERLAGSLEITUNG: Dr. Gerd Brüne, Thomas Lindner
ANZEIGENLEITUNG: Martina Hoss
GESAMTANZEIGENLEITUNG: Helma Spieker
VERTRIEBSLEITUNG: Ulrike Klemmer/
DPV Deutscher Pressevertrieb
MARKETING: Antje Schlünder (Ltg.), Patricia Korrell
HERSTELLUNG: Oliver Fehling

ANZEIGENABTEILUNG
Anzeigenverkauf: Jens Tietjen-Urban, Tel. 040/37 03 33 24,
Fax 040/37 03-17 33 24
Anzeigendisposition: Anja Mordhorst, Tel. 040/37 03 23 38,
Fax 040/37 03 58 87
Es gilt die Anzeigenpreisliste Nr. 38 vom 1. Januar 2011
Bankverbindung: Deutsche Bank AG Hamburg,
Konto 0322800, BLZ 200 700 00
Druck: Prinovis Itzehoe GmbH

GEO ist auf Papier gedruckt, das aus einem Drittel – ausschließlich
chlorfrei gebleichtem – Zellstoff, aus einem Drittel Durchforstungs-
holz und aus einem Drittel Altpapier hergestellt ist. Printed in Germany

GEO Special (USPS no 0014523) is published bi-monthly
by GRUNER + JAHR AG & CO. Subscription price for USA is $ 60
per annum. K.O.P.: German Language Pub., 153 S Dean St,
Englewood NJ 07631. Periodicals postage is paid at Englewood
NJ 07631 and additional mailing offices.
Postmaster: Send address changes to: GEO Special,
GLP, PO Box 9868, Englewood NJ 07631.

GEO-SPECIAL-LESERSERVICE

Fragen an die Redaktion
Telefon 040/37 03 20 73, Fax 040/37 03 56 48
E-Mail: briefe@geo.de

ABONNEMENT- UND EINZELHEFTBESTELLUNG

Kundenservice und Bestellung
■ Anschrift: GEO-Kundenservice, 20080 Hamburg
E-Mail: geospecial-service@guj.de
■ Kundenservice allgemein (persönlich erreichbar):
Mo bis Fr 7.30 bis 20.00 Uhr, Sa 9.00 bis 14.00 Uhr
Telefon (innerhalb Deutschland): 01805/861 80 00*,
Telefon (außerhalb Deutschland): 0049/1805-861 00 00,
Fax: 0049-1805/861 80 02
24-Std.-Online-Kundenservice: www.meinabo.de/service

Preise Jahresabonnement
Deutschland: 41,70 €
Österreich: 48,60 €
Schweiz: 81,60 sfr

**BESTELLUNG VON GEO-PRODUKTEN
(KALENDER, SCHUBER ETC.)**

■ Anschrift: GEO-Versand-Service,
Werner-Haas-Straße 5, 74172 Neckarsulm
E-Mail: service@guj.com
■ Telefon: 0049-(0)1805/06 20 00
Fax: 0049-(0)1805/0820 00

ISBN 978-3-652-00009-3
ISBN 978-3-652-00048-2 (Heft mit DVD)   ISSN 0723-5194

*14 Cent/Min. aus dem deutschen Festnetz, max. 42 Cent/Min.
aus dem deutschen Mobilfunk

Fotovermerke nach Seiten. Anordnung im Layout: l. = links, r.= rechts, o. = oben, m. = Mitte, u. = unten

TITEL: Johanna Huber/Bildagentur Huber
EDITORIAL: Lia Darjes: 3 o.
SEITE 4: Bruno Fert/Picturetank: l. o.; Paule Seux/Hemis/laif: r. o.; Anastasia Taylor-Lind: l. u; Monika Höfler: r. u.
SEITE 5: Hans-Peter Szyszka/Bildagentur Huber: l. o., Hans Hansen: r. m.; John Frumm/Hemis/laif: r. u.
KOMPASS: Christoph Hormann: 6/7; Maria Irl: 8 o., 13 u. (2); Alamy/Mauritius Images: 8 m. r., 13 l. r.; Foto: Matthias Haupt, Food: Achim Ellmer: 12; privat: 13 l. o.; PR-Foto l. m. 13 (2); Ed Kashi: 13 r. u. Illustration: Ole Häntzschel: 10/11
GESCHICHTE IM AUFWIND: Bruno Fert/Picturetank: 14/15, 16/17; Cesare Gerolimetto/Bildagentur Huber: 18/19; Ken Jarecke/ContactPressImages/Agentur Focus: 20/21; René Mattes/Hemis/laif: 22/23
IN 80 FRAGEN UM DIE WELT: John Warburton-Lee/Mauritius Images: 24/25; age fotostock/LOOK-foto: 26 l.; Ken Welsh/Getty Images: 26 r. m.; Dave Yoder/The New York Times/laif: 27 o.; akg-images: 27 l. u.; Bridge-manart.com: 27 r. u.; PR-Foto: 28 (7); Maria Irl 28 u. (3); Michel Renaudeau: 29
STADT DES STAUNENS: Alamy/Mauritius Images: 32/33; Corbis: 34; Paule Seux/Hemis/laif: 35; René Mattes/Hemis/laif: 36/37; Patrick Wallet/Le Figaro Magazine/laif: 38 o.; Günter Gräfenhain/Bildagentur Huber: 38/39 u.; Illustration: Emily Cooper: 40/41
UNTER ALPHA-FRAUEN: Bruno Fert/Picturetank: 42–48; mit freundlicher Unterstützung des French Cultural Center: 44, 45, 46
IM REICH DER WASSERARMEN: George Steinmetz/Agentur Focus: 50/51, 55; Matilde Gattoni/ArabianEye/Agentur Focus: 52; Daniel Schumann: 53; Illustration: Emily Cooper: 54
SCHLAFLOS IN AKABA: Monika Höfler: 56–63
WÜSTE! WEITE!: Henk Bos: 64; Daniel Schumann: 65, 68, 69; Monika Höfler: 66/67; Jean Robert/LightMediation: 70, 71
DOSSIER: Stephane Cardinale/People Avenue/Corbis: 72 l.; Samuel Aranda/Getty Images: 72 r.o.; Claudia Wiens: 72 r.u., 76 l.; Abaca Press/action press: 73 l.; Miguel Medina/AFP/Getty Images: 73 r.o.; Joseph Eid/AFP/Getty Images: 73 r.u.; Davide Monteleone/contrasto/laif: 74; Monika Höfler: 75 l.; David Hosking/FLPA/Okapia. 75 m.; Youssef Badawi/EPA/Picture-Alliance: 75 u.; Marc Steinmetz/Visum: 76 m.; Reuters: 76 r.; Benjamin Béchet/Picturetank/Agentur Focus: 77; dpa/Picture-Alliance: 78; Hulton Archive/Getty Images: 79 l.; Goess/Cinetext: 79 r.; Christian Simonpietri/Sygma/Corbis: 80 l.; Martin Roemers/laif: 80 r.
EINE FÜR ALLE: Ed Kashi: 82/83, 88/89, 90 u.; Cyril le Tourneur d'Ison/ Le Figaro Magazine/laif: 84 o., 85, 87 (2), 90, 92; Seamus Murphy/VII Network: 84
ACH, WIE REIZEND: Hans Hansen: 94–98 o.; Sabine Stein: 98 m.; privat: 98 u.
DIE GRENZEN DER LIEBE: Ursula Meissner: 100–107
TAUSENDUNDEINE KÖSTLICHKEIT: Hans Hansen: 108–112; Lutz Jäkel: 112 u.
DIE LUFTHOHEITEN: John Wreford: 114–119
KARNEVAL: Anastasia Taylor-Lind: 120–127
SERVICE: Oliver Gerhard/bildstelle: 129 l. o.; Reiner Harscher/laif: 129 r. o.; Alamy/Mauritius Images: 129 l. u., 135; Pascal Meunier/LightMediation: 129 r. u.; Monika Höfler: 130: l. o.; Bruno Fert/Picturetank: 130 r. o.; George Steinmetz/Agentur Focus: 130 l. u.; Dieter Telemans/Panos Pictures: 130 r. u.; Franck Guiziou/hemis/laif: 131 o.; Urs Möckli: 131 u., 137 o.; Peter Schulte: 132 (6); Lia Darjes: 132 m. u.; Celia Peterson/ArabianEye/Agentur Focus: 134; Bryan Denton/Corbis: 136; Henk Bos: 138; Ziv Sherzer/LightMediation: 139, Monika Höfler: 140 o. (4); Roland Schulz: 140 u. (3)
VORSCHAU: Amrai Coen: 144 o.; George Steinmetz: 144 u.; Tom Nagy: 145 l. o.; Alessandra Quadri: 145 l. u., r.
INTERVIEW: Bruno Fert/Picturetank: 146
KARTEN: Thomas Wachter: 93, 107, 128, 139, 142/143

Für unverlangt eingesandte Manuskripte und Fotos übernehmen Verlag und Redaktion keine Haftung.

© GEO 2011, Verlag Gruner + Jahr, Hamburg, für sämtliche Beiträge.

APRIL

ROM

Frühling! Auf nach Rom! Mit einem Heft, das fast jeder Stunde in dieser Stadt eine ungewöhnliche Geschichte abgewinnt. **5.56 UHR** Unterwegs mit den schönsten Müllfrauen der Welt. **9.10 UHR** Die Kunst, einen perfekten Espresso zu brauen. **9.17 UHR** Der Petersdom. **9.30 UHR** Die Sprache der Steine: Eine Kirche lesen lernen. **11.45 UHR** Visionen für das Rom von übermorgen. **12 UHR** Ein Tag im antiken Rom. **17.13 UHR** Himmlische Kalligraphen: der schwerelose Tanz der Stare. **17.31 UHR** Ponte Milvio, die Brücke der Liebe. **21.30 UHR** Das Kolosseum und der Heldentod. **23.50 UHR** Pigneto: Roms neues Szeneviertel. **2.46 UHR** Die sündige Seiten der Stadt. **SERVICE** Wo einen Segen bestellen, schlafen, Eis essen? **JUBILÄUMSRÄTSEL** Die zweite Etappe.

Unser Rat: Eine Vespa mieten, ums Kolosseum düsen, einen Espresso im Sant' Eustachio trinken. Nicht im Bild: dem Dolce Vita jede Chance geben

▶ **DIE ZULETZT ERSCHIENENEN AUSGABEN:**

▶ **DIE FOLGENDEN AUSGABEN:**

- Mecklenburg-Vorpommern
- New York
- Brasilien

4/2010   5/2010   6/2010

DAS GEO SPECIAL ROM ERSCHEINT
AM 6. APRIL 2011

SYRIEN UND JORDANIEN   GEO SPECIAL   145

Wie lebt es sich eigentlich als …

…Friseurin mit Kopftuch-Kundschaft?

Faten Abu Farha, 27, arbeitet als Friseurin im Schönheitssalon »Top Beauty« in Amman – wo ihre Frisierkünste regelmäßig gleich wieder zunichtegemacht werden

Legen Frauen, die ihr Haar verhüllen, ebenso großen Wert auf ihre Frisuren wie jene ohne Kopftuch?
Na, was denken Sie denn! Jede Frau will doch schön sein, oder? Kundinnen mit Kopftuch bedienen wir in einem abgeschirmten Raum im hinteren Teil des Salons, in den man von der Straße aus nicht hineinschauen kann. Es gibt nur ein Fenster nach hinten zum Garten. Andere Salons haben verspiegelte oder verklebte Fenster oder liegen in den oberen Stockwerken eines Hauses.
Was ist denn im Moment Mode auf den Köpfen Ihrer verschleierten Kundschaft?
Alles ist möglich! Allerdings lassen sich die wenigsten Frauen von ihrer Friseurin wirklich beraten oder zu einem neuen Stil überreden. Die meisten wissen ganz genau, was sie möchten – und wir setzen das dann nur um. Ältere Frauen tragen lieber langes Haar, die Jüngeren wagen auch mal kürzeres, aber fast nie ganz kurzes. Das ist der arabischen Frau dann doch zu unweiblich.
Also sind radikale Stiländerungen eher selten?
Es kommt tatsächlich nicht oft vor, dass eine Kundin einen völlig neuen Schnitt verlangt. Arabische Frauen wechseln eher die Farbe als die Form.
Zu welchen Anlässen denn?
Frauen ändern ihre Frisur fast nie für sich selbst, sondern immer für andere: Der Bruder, der Onkel oder der Ehemann hat Geburtstag, es steht eine große Familienfeier an – dann kommt die Frau vorher zu uns.
Und wenn sie den Salon verlässt?
Ach, das ist jedes Mal schrecklich! Sobald meine Kundin bezahlt hat, zieht sie sich das Kopftuch über die frisch frisierten Haare … Und all meine Arbeit ist dahin. Gerade gestern war eine Frau hier, die anschließend zu einer Hochzeit wollte. Zwei Stunden habe ich sie frisiert und eine aufwendige Außenwelle gelegt. Und dann – Kopftuch drüber! Ich hätte gern gesehen, wie sie aussah, als sie bei der Hochzeitsgesellschaft angekommen ist. Völlig platt wahrscheinlich. Manchmal ist das sehr frustrierend.
Gewöhnt man sich daran?
Nun, was soll ich denn anderes machen? Das ist Teil unserer Kultur. Außerdem weiß ich ja schon vorher, dass mein Werk den Gang vor die Salontür nicht unbeschadet übersteht. Und außerdem verstehe ich die Frauen gut: Ich trage in der Öffentlichkeit selber auch ein Kopftuch.

KIRSTEN BERTRAND

Trägt ihr Kopftuch mit Stolz und die Unbilden ihres Berufes mit Fassung: Haarstylistin Faten Abu Farha aus Amman